台湾大学校门留影

追念 颜元叔

台湾大学文学院长廊留影

1997年,冬日晒太阳

与杨牧等人合影

在台大外文系荣退演讲暨茶会上进行退休演讲

与英若诚合影

与梁实秋合影

与夏志清合影

与朱立民、胡耀恒、杨万运合影

访问暨南大学

参加美国文学与思想研讨会

参加《中流》杂志创刊三周年纪念活动

参加中外文学创刊25周年纪念活动

在字典发售签名会上签名售书,与读者交流

追念 颜兀叔

与夫人在韶山毛泽东故居留影

茶陵县水头村颜氏宗祠拜祭祖先

与家人亲友在茶陵县水头村颜氏宗祠留影

茶陵历史与文化丛书
烟火人间

追念颜元叔

○余光中 等著
○易　军 选编

湖南人民出版社

本作品中文简体版权由湖南人民出版社所有。
未经许可,不得翻印。

图书在版编目(CIP)数据

追念颜元叔 / 易军选编.—长沙:湖南人民出版社,2014.7(2025.4重印)

ISBN 978-7-5561-0301-0

I.①追··· Ⅱ.①易··· Ⅲ.①颜元叔(1933～2012)—纪念文集 Ⅳ.①K825.46-53

中国版本图书馆CIP数据核字(2014)第161771号

追念颜元叔

选　　编	易　军
责任编辑	邓胜文　谢　喆
装帧设计	张　毅
出版发行	湖南人民出版社 [http://www.hnppp.com]
地　　址	长沙市营盘东路3号
邮　　编	410005
印　　刷	永清县晔盛亚胶印有限公司
版　　次	2014年8月第1版
	2025年4月第4次印刷
开　　本	890×1240　1/32
印　　张	7.5
彩　　插	4P
字　　数	190千字
书　　号	ISBN 978-7-5561-0301-0
定　　价	35.00元

营销电话:0731-82683348　　　(如发现印装质量问题请与出版社调换)

序

古远清

颜元叔是一个有强烈爱国主义精神的学者。他学贯中西，思理神妙，幽默风趣，文采璨然，作品显示出火辣辣的诗人性格和直通通的书生心肠。在1993年纪念台湾大学外文系主办的《中外文学》创刊20周年时，作为该刊创办人的他，大声赞美毛泽东在天安门城楼上所宣告的"中国人民从此站起来了！"由此呼吁"我们这一撮安适于西方帝国主义文化的黄色余孽，也不宜太迟地摘掉余孽的帽子，还来得及跳回到参加'振兴中华'的行列中去吧！"这种激情表白带有强烈的自我批判精神，真有精卫之坚韧、刑天之勇猛。这位喝过湘江水的硬汉，看到中国在奥运会连获奖牌便热泪盈眶的"外省作家"，他的辞世，使台湾文学界凋谢了一位大师，大陆失去了一位肝胆相照的朋友。

在台湾当代文学史上，颜元叔早已被公认为文学批评大家、教育改革家和十大散文家之一。在他去世前，我在台北听过他的不少传闻：他晚年叶落归根，在江苏镇江隐居，并盖了一座"呆坐亭"，天天对着这个亭子欣赏祖国的大好河山，并浮想联翩总结自己的人生经历。又听说他得了绝症，将不久于人世。2013年初，我在台北出版的《海峡评论》看到刊登悼念他的文章，才明白他确实仙逝。悲痛之余，我不禁想起第一次也是唯一一次和他促膝谈心、在台湾大学校园林荫道上漫步的情景。我们聊文学，聊政治，很自然谈到台独问题，这时他变得严肃起来："隔墙有耳,这个话题只能到我办公室关起门来密谈。"他的办公室,其实是一座书房,只见他的茶几上堆满了我寄给他的拙著《台湾当代文学理论批评史》。在"文坛新盟主"一节中,我对他评价颇高,他视我为知己,然后细声地说:"现在台大的台独派在李登辉这个'日本人'的庇护下,竟半夜在校园内升起'台湾共和国'的国旗,一些人还高唱他们的所谓国歌。我们这些主张统一的人士无不对此忧心忡忡。"

有朋友给我提醒:"颜元叔担任过国民党党营的正中书局总编辑。"我听了后说:"不应揭老底,爱国不分先后嘛。"颜元叔由寄希望于台湾当局到寄希望于大陆,这是他明智的选择。他虽然是受过"总裁"关爱——曾亲自送大幅领袖标准照并用毛笔上款"元叔同志惠存"下署"蒋中正赠"的"忠贞之士",但过去从不宣扬此事,现在他"觉今是而昨非",这是他人生道路上的一大转折。他由右而左的转型,有人谓之"吊诡",可这正是台湾众多知识分子的生动写照。

颜元叔之所以值得我们纪念,是因为这位有国际视野的教授,同是一位爱国爱乡的学人。他晚年思乡心切,不顾绿营人士给他戴的"卖台""台奸"的帽子,多次返乡和家乡政府联系,和他们一起座谈合影。开始联系时,他担心大陆会将他这位国民党中将的儿子、"内政部"部长的公子拒之门外,因而他2001年初夏写给茶陵县委的信中称:希望当地政府能玉成他回乡的心愿,"如不能成行,必将在海峡两岸掀起风波"。这风波,即不能成行难免会遭台湾反共人士的嘲笑:"你这么爱国,这么向往对岸的社会制度,中共却不接待你,这是绝妙的反讽!"中共湖南茶陵县委的领导人,以海纳百川的气概不计前嫌,热情邀请颜元叔回故乡访问,这很使那些"逢中必反"人士大失所望!现在中共株洲市委有关部门编写此书向这位台湾重量级的作家致敬,表彰他在文学创作、文学评论、文学教学等方面的成就和影响,这同样是功德无量的事。

《追念颜元叔》文集的作者,有颜元叔家乡的"长官",有他在台湾的亲属、学生和朋友。文集中都是有价值的文章,尤其是余光中这样的大家所写的回忆文章,记载了不少难得的文坛史料,故这本书不仅有纪念意义,还有文献价值。两岸作者共同携手缅怀这位"只待经济中胜美"的爱国者,这对两岸文化交流,有一定的促进作用。

是为序。

目　录

怀　念

在长廊的起点——纪念父亲颜元叔 …………… 颜学诚（3）
显极忽隐，令人惆怅——悼念颜元叔 ………… 余光中（7）
怀念元叔老师 …………………………………… 苏其康（11）
开风气之先：怀念恩师颜元叔教授 …………… 彭镜禧（15）
怀念颜元叔教授 ………………………………… 吕正惠（20）
草木深深——回忆颜元叔教授二三事 ………… 张瑞芬（26）
喝过湘水的好汉——悼念元叔兄 ……………… 胡耀恒（30）
做什么人？做什么样的中国人？——敬悼恩师颜元叔教授
　………………………………………………… 王津平（32）
追念一个不平衡的人——颜元叔 ……………… 孙万国（37）
逝水年华——忆颜元叔老师 …………………… 宋美骅（48）
您放心走吧！——怀念颜元叔先生 …………… 阳卫国（52）
别出心裁的颜元叔 ……………………………… 古远清（56）

斯人已去　浩气长存——追忆颜元叔老先生 …… 姜衡湘（60）
聆听着生命落幕的声音…………………………… 曾湘文（63）
颜元叔教授印象…………………………………… 尹习勤（67）
家国情………………………………… 游盟长　曾倩（71）

评　说

真正的爱国者——读颜元叔诸先生文章感……… 魏巍（77）
"向建设中国的十亿同胞致敬"——访颜元叔教授
　………………………………………… 古远清（87）
串连东西，衔接台外——摆渡人颜元叔的再定位
　………………………………………… 杨宗翰（89）
颜元叔：台湾最具影响力的文学评论家……… 古远清（99）
新批评的倡导者颜元叔与台湾文学批评的演进
　……………………………………………… 徐学（110）
文学的民族论者和社会写实论者——论颜元叔
　………………………………………… 古继堂（122）
文学文体学分析方法下的颜元叔散文研究——以《走入
　那一片蓊郁》为例………………… 陈丽　夏家楠（129）
在娓娓道来中幽他一默——颜元叔散文《我爱开会》
　的讽刺艺术………………………………… 于平（138）
听取蛙声一片……………………………………… 倪伟（142）
盛开在两岸传统文化殿堂中的生命之花——《荷塘月色》
　《荷塘风起》比较研究…………………… 高素英（146）

自　道

自　述 …………………………………………………（161）
致阳卫国信 ……………………………………………（164）
致水头村乡亲信 ………………………………………（166）
尧水之头 ………………………………………………（168）
孔明灯 …………………………………………………（172）
冬天的泥鳅 ……………………………………………（177）
好歹再活二十年 ………………………………………（182）
向建设中国的亿万同胞致敬——读何新先生文章有感 ……（186）
盘古龙之再临——答苏晓康先生 ……………………（193）

附　录

颜元叔先生事略 ………………………………………（203）
哀　闻 …………………………………………………（208）
　台湾文学批评先驱颜元叔因病去世 …………………（208）
　台湾文学批评先驱、英语教育改革者颜元叔病逝 ………（209）
　台湾著名作家颜元叔魂归故里 ………………………（211）
　台湾作家颜元叔魂归故里 ……………………………（214）
　台湾著名学者颜元叔追悼会茶陵举行 ………………（215）
　今日，台湾著名作家颜元叔骨灰安葬茶陵 …………（216）
　落叶归根 ………………………………………………（218）

后　记 ……………………………………易　军（224）

怀

念

在长廊的起点

——纪念父亲颜元叔

颜学诚

　　台大文学院的大门，两边各有一个走廊，我父亲颜元叔的研究室就在这边长廊的起点。起点的第一研究室总是容易被大家看见，但是走廊似乎太长，长到没有人想要走完它，于是长廊后面却又意外的冷清干净。

　　父亲写散文常提起我们三兄弟，从三岁开始我就上了报纸。现在，我也在台大文学院，我也在写文章，但这么多年来却是第一次在文章里写他老人家。

　　父亲一生憎恨庸碌，他一向以铁与血来要求自己以及儿子。从小他就教育我们要对自己狠，告诉我们读书累死是光荣的，折中是可耻的。这不是说他有着"万般皆下品唯有读书高"的士大夫想法，而是他认为所有的事情都要尽力为之。父亲也身体力行。退休前，每天从早到晚都在桌前写他的《莎士比亚通论》，说是要在有生之年写下一部可以给自己交代的作品。退休后，即使因中风而右手不太听使唤，但仍勉力为之。最后完成了三千三百多页两百多万字的四大册巨作。在他的《狠的哲学》里他是这么说的：生命的意义就在有价值地损耗自己：撙节活力，活力反而萎顿。我以为无论思想、言谈、行事，我们都必须毫无保留地追求到底；是黑是白，必须斩钉截铁地判个分明。温温吞吞的作风，也许能让你活得长久些，可是活得必定十分苟且。只有狠狠鞭策自己，明知自己是凡人，欲要做超人的努力，一百分之一百二十的努力，迫使自己把生命化为意志，把意志化为成就，而最高的成就总是在身心将毁的边缘抢得的。

父亲的挣扎在于他同时认为能有个平庸的生活却也是福气。对生长在动乱中的人来说，祖父能带着一家大小逃到台湾是绝大的福分，也更使他感受到与父母诀别以及妻离子散的痛苦。就如同他的一本散文集的书名"平庸的梦"，能安安稳稳做着平庸的梦，对动荡的中国人来说是多么不容易的事。

父亲不能忍受拿着漂亮光鲜的政治口号，却要让市井小民牺牲的人。尤其是那些到国外喝了洋墨水、拿了绿卡，任何事情都要批评一番以显示自己高人一等，出了事情却可以一走了之的人。当父亲在描述着被拉走而不能与父母诀别的老兵，或那些只抱着平庸之梦的小面摊老板，在"血洗台湾"威吓下的父亲是主张反共的。虽然父亲对小人物的平淡生活充满着卫护之情，但是他的狂飙性格却也使得他无法忍受庸碌。人不能沉溺在这种挣扎中获取一种悲壮感就算了，父亲强调必须做出决断。但是，若只是看到行动当下的片刻，则将无法看到背后抉择时的挣扎。

改革开放之前的大陆与改革开放之后的大陆不是同一个大陆，而本土化前后的台湾也不是同一个台湾。父亲晚年旗帜鲜明的统派立场一方面是因为大陆改革开放之后，升斗小民可以安居乐业，但更重要的是这个梦是中国人自我剥削辛苦换得的成就。巨龙得以再起是因为中国人懂得对自己狠。

巨龙的再起是人们花了血泪换来的。父亲憎恨那些拿这些小事情来取笑这个成就的人。厕所不能让人在地上打滚与把载人卫星放到太空究竟是哪个重要？这些自以为能"以小窥大"的人看得到"大"吗？当然，要是厕所打扫得干净也是很好的。但是不生活在这块土地上的人没有资格说三道四，尤其是用着讥讽的语调挟洋自重的人。这就像父亲认为乡土文学不是本省人的专利。外省人在这片土地上流血流汗，当然也可以成为乡土文学的一部分，但前提是要在这块土地上生活。当乩活在这片土地上，尽管意见不同，但是大家都是生命共同体的一员，彼此休戚与共，因此可以为了共同的未来而一笑泯恩仇。因此，即使父亲受到国民党打压，但是却也未怀恨在心。他不能忍受的是不生活在这块土地，却以耻笑这块土地来标榜自己的人。父亲厌恶"讦以为直者"，尤其是那些批评自家人，借以向洋人标榜自己是正直无私的人。孔子说："父为子隐，子为父隐。"怎样会有人以宣扬着亲人的缺失来向洋人证明自己是公正无私呢？

父亲对大陆有一份愧歉，认为在她最艰苦的时候自己却在台湾享受"平庸的梦"。等到大陆强大了，所有华人都搭上了顺风车。但若此时还要来羞辱大陆一番，此可谓其人可鄙，其心可诛。在我们家是不能批评大陆的。每次我说了什么不中听的，他总是与我大吵一架。不过，有一次表弟在我家也大发议论批评大陆，父亲却能按住脾气，我感到不可思议。后来，才理会父亲的意思。从小在台湾长大的表弟在获得美国麻省理工学院博士学位后即到北京清华大学任教。虽然父亲不赞同这批评，但是当表弟愿意把自己的前途与大陆绑在一起时，他默许了表弟有批评大陆的权利。至少表弟的批评不是以羞辱自己的同胞来向洋人输诚。"爱之深"当然可以"责之切"。但是，那些虚情假意的人没有"责之切"的资格。父亲觉得自己有"爱之深"的义务，但是当中国最苦难之时却没有厕身其中，因此他丧失了"责之切"的权利。

看到父母争吵，有哪个小孩不是想掩着耳朵盼望着他们和好？有哪个正常的子女会编排父母的不是，让他们越吵越凶？我曾问过父亲为何对大陆过往的动荡视若无睹。对他来说，做这种判断就如同要子女编排父母的不是一般，这不是他可以做，也不是他要做的事情。中国近代史上确实有着很多的灾难，特别是政治上的失误造成的灾难。但就如他在《盘古龙之再临》所说的，他要为死者寻求意义。对父亲而言，没有意义的死是最沉重的，灵魂将落入万劫不复的深渊。父亲不愿让这些大时代的牺牲者毫无意义的就这么死了。他要这些人的苦难变成是有意义的事,要让可以是轻于鸿毛的死变得重于泰山;他们不是白死的,他们的牺牲使中国不再任人宰割。父亲是要使敌我矛盾转化成为内部矛盾,让死者得以享受国族祭坛上的血食。在这个祭坛上,不管他们之前有何争执,不管谁是谁非,他们都成为我们的祖先。至于那些自外于中国的人,就请把他们生为中国的事实当作上帝开的玩笑,然后请他们去认所认的爹娘"爱之深、责之切"吧。

父亲骨子里是个温情主义者。晚年他最喜欢的是坐在他的"呆坐亭"里看着草木四时变化。但是看到"邪说诬民,充塞仁义"时,他如何能不为此罹?面对着最想要解除我们的心防,把中国踩在脚下的邪说,又如何能不辩驳?父亲的反西方是经历过深刻的思辨。在他早年的论著《谈民族文学》里,就一直讨论着文学是否具有普遍性的问题。如何抗拒普遍价值的主张,使得民族文学能开花结果是他念兹在兹的事情。父亲对那些把民主当作普世价值的人向来不假辞色。事实也证明,民主制度在多族群的国家(例如南斯拉夫)是产生族群冲突的元凶。父亲视民主为西方分裂中国的邪说其来有自。当世人皆把民主高挂口中,父亲的反民主自然显得格外刺眼。

父亲曾说:"世界上最孤立的人,是最坚强的人。"孤立是他的选择。就如同他选择当一个"不平衡的人",让狂飙与温情做着强劲的拉扯。今日这个拉扯终于结束,父亲回到了童年成长的地方,回到了祖父母的膝下。落叶总须归根,父亲也回到了最让他安适的所在。

我停在长廊的起点,依旧看见狂飙的身影,但长廊的尽头只剩下雨后的屋檐水,时而清脆,时而冷清。

(原载台湾《海峡评论》2013年12月号,作者系颜元叔先生长子、台湾大学人类学助理教授)

显极忽隐,令人惆怅

——悼念颜元叔

余光中

报载去年底颜元叔先生因肝癌逝世,消息忽到眼前,令人难以回应,但并不令人惊骇。首先,他"离开"我们已经太久了,令我们失望而不能谅解。哥儿们正一起忙着呢,他怎么说放手就放手,一个人就退隐江湖去了,也不给个说法。可是又未能真正没于江湖,而是仍然大隐于市,甘愿低调于市井之间。二十多年前,当然还没有"人肉搜索"的做法,可是在我遍问之余,仍不时听人转告,说他去了对岸某处,正卜宅安居,又说他已回来台湾,现正养病。那么悠长的岁月,这世界早已变得难认,偏他,不回学府也就罢了,却连文坛也一起弃了,犯得着吗?不,这太不像元叔了。显然,他是一怒之下,把我们大伙儿都像洗脚水一般一起给倒掉了。

此刻,他怎然一走了之,不给我们任何机会,除了发表没来由的什么感想,带着苦笑。

我跟元叔不是很熟。我们的友谊说不上什么厮在一块,泡在一起,却也没有浅得、淡得只谈正事。他是湘人,带点乡音,说到兴起更呵呵大笑,很得我的好感。当然两人都出身台大外文系,背景亲切,我正好长他四届,可谓顶头学兄,他也绝非客气之辈,不会文绉绉地呼我学兄。至于王文兴、白先勇那一班平均小我十岁,倒一律称我先生,就觉得是晚辈了。

元叔在美学成回来，1963年初任教授，到接掌外文系，已经是1969年了。其间我自己也有四年去美国任教，要到1971年才回台。尽管如此交错，我们都在台北，交往渐多。倒是进入70年代后，两人见面更频，就算1974年我连根拔起去了香港中文大学，两人在港、台交流之中，不但常一起开会，而且还有几次"同仇敌忾"，径直批评了"文革"。《新晚报》总编辑罗孚是香港当时左派统战的领导，他发动了左派的围剿，对不识时务的夏志清、颜元叔、余光中遣词严峻。前两位远在美国、台湾，我却就在香港战场，压力尤大。罗孚其实是十足儒雅的中国读书人，旧学颇醇。"文革"既过，我在香港某次的研讨会上与他重逢，他竟然当众向夏志清、元叔与我道歉。

元叔和我在"非常时期"虽是"战友"，在平常时期也是同行、同道，而且互相尊敬，但是彼此对文学本质的看法，未尽相同。1974年我出版文集《听听那冷雨》，在后记中解释该文集内诗论不多，是因为年轻一代已经出现了此道健笔："像陈芳明手里的那一支，清新而勇健，已经有一点史笔的意味，同时从学院的围墙里，也伸出了颜元叔那样的淋漓'刚笔'，有担有当，敢言敢怒，非常'湖南'，我虽然不能篇篇赞同，却十分乐意做一位读者。"

在1970年五月号的《纯文学》上，远在丹佛的我读到了元叔所撰长达万言的《余光中的现代中国意识》，既感高兴，又感困惑。该文盛赞我的旅美小品《我之固体化》，却对那时为止我的其他诗作表示"厌恶"。接着元叔就《敲打乐》与《在冷战的年代》两本诗集选出《敲打乐》、《当我死时》、《带一把泥土去》、《双人床》、《如果远方有战争》、《忘川》、《有一个孕妇》等作品加以分析，结论说我是一位写实主义者，颇能表现知识分子的现代中国意识。同时又指出：许多人都认为我的诗比较"干瘦"，近于奥登而远于汤玛士（Dylan Thomas）。

另一方面，元叔对我的散文则评价只有负面的。当时有三两文友告诉过我，说元叔认为我的散文太浓太花，简直糟糕。我一生阅批评家多矣，贬我者固然不少，誉我者似乎更多更坚持。元叔快人直语，并无恶意，我也不会斤斤计较，所以两人的友谊始终愉快。1985年《中国时报》办的"时报文学奖"把诗的推荐奖颁赠给我。元叔代表决审委员会写了一篇千多字的奖词，以"诗坛祭酒余光中"为题，语多溢美。那年香港回归，九月间我带了家人正大举回台，不是回去台北，而是迁来高雄。印象里此后和元叔也就渐行渐远了。其实元叔自己的"遁世"，似乎也就在此时开始。有一件事倒很确定。离港前我最后的一首诗《别香港》，虽为小品，却颇揪心。元叔读后对我说："看了真令我妒忌香港。"

颜元叔突隐江湖，其原因二十年后似仍不很明确，不过对于台湾上世纪70年代的学府文坛，他刚健的背影，重大的贡献，却十分可观。首先，他以新科博士的锐气，将当时美国的显学：新批评与比较文学，引介回来，不但大声宣扬，而且大力演练。更难得的是：这些新学他敢于活用，并用以探索台湾当代的诗与小说。这么一来，外来的理论就不再自囿于学府的课本，而变成了一把燎原野火，和本土的创作烧成一景。不但外文系，连中文系也觉得用武有地了。以前，是外文系多出作家而中文系多出学者。此后，轮到中文系多出作家了，外文系呢，却多出比较文学的学者。

元叔当年创导比较文学，有时操之过急，虽有利器，却用非所当。例如唐人李益的五绝："嫁得瞿塘贾，朝朝误妾期。早知潮有信，嫁与弄潮儿。"元叔在解释时把"信"附会为是影射"性"。这种"泛性"联想，不免厚诬古人。其实古人习用的说法，是"色"，不是"性"，倒跟sex读音相近。另一方面，元叔引入"新批评"，并在论析台湾现代诗时用来操练，正如他在《余光中的现代中国意识》一文中所运用的，倒是比较中肯，不无收获。但是他用这手法来分析我的长诗《敲打乐》，指摘我的长诗结构失控,则未免太拘泥于新批评了。新批评之精读、详读,用在短诗小品,较有功效,但不足以对付惠特曼《草叶集》式的浩荡狂吟。我写《敲打乐》时,受了金斯堡《嚎》(*Howl*)的影响,大开大阖的美国江湖行,滔滔长句实在不吐不快。

此外,元叔在朱立民院长的支持下,大大刷新了外文系的课程,并将《诺敦英国文学选》指定为主力教材,也提高了专业的视域,调整了一向亲美疏英的浅碟学风。所以1972年我转任政大西语系主任,也响应台大的壮举,把政大沿用了多年的大一英文薄册,从寥寥的70页,加重为多元而较深的300页。

这么一位虎虎生风的启蒙者、改革者、推行者、论战者,出现在70年代台湾的学府与文坛,确是应运而生的主流人物。后来他更奋自淬砺,写出一种刚健明快的杂文风格,令人期待他层楼更上,领域更开。谁料就在高潮的浪脊上,这主角竟然突地失踪,有不得见者达二十多年。这反高潮的一招,究竟是元叔戏弄我们的幽默,还是幕后另有我们未明的隐情,该由文学史家来揭示了。

(原载2013年4月3日《深圳特区报》,作者系台湾中山大学文学院院长,著名诗人,散文家)

怀念元叔老师

苏其康

我已很久没看到颜元叔老师了。前几年还打过电话给他,但他搬新家后就联络未果。新电话号码是另一位老师给我的,心想要不是号码错误便是老师人经常在大陆,所以电话都无人接听。近几年来关于老师的讯息都是从师友间的传闻得知,未曾亲访问候,总觉得是憾事。

一月上旬任职通讯社的同窗传来颜师弃世的消息,顿觉怅然。如今颜师已归乡入土,爱为执笔忆思。

老师的执着众人皆知,但老师的古道热肠和扶掖后进却少有人谈及。或许是老师望之俨然、仰之弥高、不苟言笑给人的错觉,使好多同学都错认他殊非平易近人,没有亲和力,其实恰好相反。

大一那年读了一些海明威的作品,自忖有些心得,写了一篇短文,要投给系内的学生英文刊物《Pioneer》。主编是大四的学长,他基于好心,便拿了我的投稿,把我引荐给颜老师。没想到颜老师居然愿意接见我这个黄毛小子。后来在他的研究室里他花了半个多钟头,指出我的文法、修辞、结构和文意的种种问题,而所说的还是第一页的事情,然后他建议我写英文日记来加强英文写作能力。我那篇拙文当然没有刊登出来,但此后一两年间我倒乖乖地每天写英文日记。

因为有了破冰的开端,大二时我们有十个同学自组文学阅读小组,我便壮着胆子请老师做我们的指导教授;忐忑不安的心情一下子便被老师爽快的应诺融化掉了,不过老师却叮嘱我们不要自称读书会。事后我们才知道其实老师有其深意。因为老师慷慨大方把他的时间腾出来,我们才有机会听到老师解说"文学是哲学戏剧化"的道理,有机会听他分析悲剧的境界,也有机会听他导引我们对作品的一些观念看法,更因为他的荐举,我们有幸把系上的名师请来给我们十人义务充电,包括了朱立民老师、王文兴老师、侯健老师等,更令我们倍感光荣和窝心的是老师不在时,他还把他的研究室借给我们作晚上与其他老师聚会之用。我们这十个男女生便幸运地成了入颜门之前的课余弟子。这时候算是老师回国未久,还在建立自己的事业和开创生涯中,家中又有幼儿,竟然愿意花掉宝贵的时间带领我们,而且一带就是两年,到我们大四因为选课关系不易碰面,才没有续请老师指导。虽然我们这一伙人,上有更优秀的学长姊和研究生,老师竟不以为忤把我们带动起来,晚上关灯之后,硕大的身躯独自骑脚踏车回家。这种无悔的付出,大概出自他直爽地当作是拉拔我们这批孺子的使命吧!若干年后,我们十人中,最少有半数都在大学教书,也算是对老师传承的一点交代。

大四时,我找老师指导写毕业论文,老师说我又不是研究生,没有必要如此做,我编了一个似是而非的理由,他又再次纵容了我。因为我对叶慈(叶芝)的爱好,老师除了要我注意诗人的文字和神话背景,还提到淡江大学有些研究叶慈的书而台大没有,需要的话可以用他的名义借来给我用,真是受宠若惊!后来老师替淡江大学主持西洋戏剧研究室和编务,无暇照顾太多的事务,我论文后段的发展都幸蒙晚上到基隆路颜府中获得提点一二始得完成;现在来看拙文当然是难登大雅之堂,但那时老师却一样给了我一个很客气的分数;说是扶掖小辈似乎太抬举了自己,但老师在青壮年时已尽量延续文学的香火却是不争的事实。

早年老师写的都是中英文的学术论文,包括他写艾略特(T. S. Eliot)的 *The Cocktail Party* 和 *Murder in the Cathedral* 等诗

剧分析，后来再写散文和文学批评的文章。他的散文自有一种粗犷和开拓的兴味，往后又添加了一些自嘲的幽默。老师尝作比喻说，像余光中老师家中有的是女孩，所以可以写细致精妙的诗，他自己家中尽是男生，所以只能写散文。比喻是否得当，最少他知道豪迈才是他的本色，故而上课诵念英诗时，他最喜欢念声调铿锵洪亮的诗句，尤其是弥尔敦（John Milton）的诗；"sonorous"一字是他常挂在嘴边的形容词。有时他散文的用典和引喻也很特别。有一年我从高雄北上看他，提到他的散文偶有巴洛克式（Baroque）的感觉，老师追问要我解释，我含糊其辞始终没给正面的答案，这可算是我亏欠老师的了！老师自己的创作文字不算多，但独具慧眼，而且爱才若渴：李永平学生时代所写的短篇《拉子妇》受到老师的赏识和品评，此后遂有更多的机缘开展他的写作生涯；王文兴老师写《背海的人》，颜老师是忠实的支持者。至于老师对当代和古典作品的评骘，无疑是植根于他对文学的信念和功能的表彰。虽然他教西洋文学批评和理论，但有一年，中文系的学长说颜老师和他们一起听《文心雕龙》的课！

　　颜师是严师，但他对学生的关心和关照不只在课业上，课外也一样。他自己为了持家，正业之外也兼差兼课（那是一个公教人员待遇仅可糊口的年代），但总有一些原则，以及优先次序。即使是在补习班兼职，他也以替学生奠定英语基础为念，多年前我虽有所闻，却不明其中苦心。后来有一次我邀老师南下演讲，向他的徒孙们传授学习英语的要领，那是尚未有高铁的年代，老师欣然答应。下午时分我到火车站接老师，他说想喝一杯咖啡，我们便在路上一家饭店的咖啡厅坐下，买单时说什么他也不许我付账，并说：我知你副教授的薪水有多少，你不如我像八爪鱼般有许多经济来源的触须，不必和我争！这个"八爪鱼"的用语，就如我所谓的，老师散文的风格有巴洛克意象：夸张、突出，介于古典和流俗之间却又贴切得很。从这件小事上，可见老师的体恤、贴心和对弱势群体的照拂，师生二人也就不再推让了。演讲后送老师回程，在路上颜老师说，如果不是我邀约，他不会花一天工夫南来，因为在财务上他的损失很大，他在补习班的收入是中山大学演讲费的好多倍，忝为弟子的我除了感谢就是衷心的感动。他对商人有他的价码原则，但对学术活动也有他阿沙力的一面，想到这，我就感到我们其实经常愧对知识分子，这必也是老师心底深处的隐痛。

老师写的《英国文学：中古时期》本来有意取代进口的用英语写的教科书，在那个缺乏专著论述时期的环境下，实有一定的指标作用，无奈 Norton Anthology of English Literature 在此间早已深入人心，为各校所采用，老师的著作虽然印了好几刷，仍是许多学生的参考著作而已，没有广泛流行；其实成为参考书更能发挥该书对引导阅读文学作品的功效。大概看到了市场对中文教科书接纳度的趋势，老师后来所写的几册莎士比亚专书，学术性更浓，更贴近积学四十年的表现。就这种思维态度的转变和所采取的行动而言，元叔老师和朱立民老师都在他们的晚年，学问火候都到了一定的地步时，放下他们年轻时代的专长，回过头来研究莎士比亚，重拾对古典作品的钻研，也算是他们对各种文学理论家派月旦的回应。如果我可以试拟一下他们这时候的心境，大概是："落霞与孤鹜齐飞，秋水共长天一色"，那是一种不必明说却又自我阐释文学持恒美的教育的心态。

老师晚年的政治立场鲜明，使部分朋友和学生和他保持距离，似乎莎士比亚历史剧所着墨的"王权"观念竟应验在他的日常生活上。说实在的，处身在今天后殖民主义、后新马克思主义的光景中，文学研究和见解，如何可以和政治立场分割呢？老师是一个忠于自我的知识分子，不矫情也不虚饰，看似顽固但内心是炽热的，这种纯真的性格，比起他在 20 世纪六七十年代文坛所推动新批评风起云涌的情形更教人难忘。

（原载台湾《文讯》2013 年第 4 期，作者系台湾文藻外语学院校长）

开风气之先：怀念恩师颜元叔教授

彭镜禧

维护校誉国格，态度强硬

颜元叔教授辞世，台湾英美文学界凋谢一位大师，我自己痛失一位景仰的恩师。

1966年，我就读台大外文系三年级，颜老师从美国学成归来，引领我（以及其他无数人）进入英美文学的领域。毕业后我考入研究所，同时担任助教；其间有两年在颜师手下工作。我们一伙助教戏称时任文学院长，也是外文系前主任的朱立民老师为"大老板"，系主任颜老师为"小老板"。这两位老板对台湾的文学研究有极大的贡献，乃众所周知。这里先说我个人印象最深的两件事。

其一：颜老师在研究所开过一门英国诗人弥尔顿（John Milton）的专题讨论，课程重点自然是《失乐园》（*Paradise Lost*）这首长诗。一向反对基督教的他认为诗中对撒旦的描写十分精彩，对上帝的描写则平淡无趣；作者的同情心显然在撒旦这边。在期末报告里，我主张这首诗诚如作者开宗明义指出的，是要为神对人类的态度辩护；同上这门课的高天恩兄则大唱反调。结果，我们两人得到同样的高分。可见颜老师虽然对许多事物有定见，做学问的胸襟却是宽广的。

其二：当年德国文化中心（DAAD）每年选派一位德文教授来台大，支援德文教学，费用由德方支付，台大只需提供学人宿舍。有一年，前来的德国客座教授不知何故写了一封信给校长，大意是抱怨外文系官僚作风、办事效率差；似乎他自以为是来"援助"台湾，姿态摆得很高。颜老师收到这封校方批下来的信，在办公室里念给大家听。他认为指责明显不公，便回了一封信说明立场，特别指出德方与台大乃互惠关系，要求他道歉，否则不惜停止交流。信的副本寄给院长、校长以及德国文化中心。不久那位德国教授果然回信，说他经过"深切反省"（记得他用的英文是"after much soul-searching"），发现是自己的误会，郑重道歉。

这件事显示了颜老师对维护校誉国格的重视。这样的态度也反映在他的种种学术作为上。

台湾英美文学教育脱胎换骨

颜老师曾经叱咤风云，引领一整个世代台湾文坛的风骚，地位有如18世纪英国文坛的约翰生博士（Dr. Samuel Johnson, 1709–1784）。他对台湾英美文学界的贡献可以说是全方位的；开创新猷，依我看，至今无人能及。

在课程上，他引进了美国大学的授课内容，并和朱立民教授联手，合力设计了崭新的外文系课程。他们除了把"英国文学史"从一学年改为两学年，还增加了一学年的"欧洲文学史"以衔接原有的"西洋文学概论"、两学年的"中国文学史"（比许多中文系的要求更高），加上一学年的"美国文学史"——为了使学生对世界文学有通盘的认识。另外增加了一门一学年的"文学作品读法"，引进当时英美最新的阅读方式。这些成了外文系必修的核心课程，合计就是48个学分。这么一来，学生的毕业门槛，从"教育部"订定的最低学分数128倏然提高到

150、160。而且这几门课的教材，与美国大学部几乎相同。

　　台大外文系做出如此重大改革之后，其他各校渐渐跟进，台湾的英美文学教育于是脱胎换骨，一时称为"朱颜改"。负担加重了，一般学生自然叫苦连天；但只要通过考验，日后若继续学术研究，因为有了比较扎实的根底，多半能够卓然成家。这种广泛阅读的严格训练，大概维持了十几年，造就出许多当今台湾英美文学界的精英（相对的，台大外文系出身的作家比例锐减，也有不少同学因为压力过大而放弃原先对文学的热情）。

　　颜老师体认到当时国际学术界对中国文学缺乏认识，比较文学研究的范围局限于欧美，乃大力提倡中外比较文学。他的具体做法是：创立"中华民国"比较文学学会、创立英文的比较文学刊物《Tamkang Review》、在淡江大学召开第一届台湾举办的国际比较文学会议、创立台大比较文学博士班。他甚至和朱立民、胡耀恒、叶维廉等老师上电视介绍比较文学，又和中文系教授叶庆炳、戏剧学者姚一苇等人，到台湾各地推广比较文学，执著的精神有如传教士。比较文学的开拓，也增进了外文系与外系——特别是中文系——的学术交流，影响深远。

　　除了学术研究，他也关心台湾本土文学的创作。他鼓励研究生自办读书发表会，选定台湾作家作品，定期在课余发表研读心得（这应该是早期的读书会吧）。继《现代文学》之后，对台湾文学影响深远的《中外文学》月刊也是在他手中创办的。该刊内容不仅包括论文、评介、翻译，也注重创作，鼓舞、发掘了许多优秀的年轻作家。（现在《中外文学》已经改成学报，不再发表创作，令人不胜唏嘘。）

　　有感于台湾戏剧剧本的缺乏，颜老师集合了当时所能找到的人力、物力，主编了一套"淡江西洋现代戏剧译丛"，共收录了四十位剧作家，凡计一百多个剧本。每一本无论选材、翻译、出版，都十分严谨，且都有台湾学者撰写的学术导论。如此大规模的经典翻译，不仅在四十年前的台湾是空前创举，至今也相当罕见。这套丛书开拓了读者的视野，对台湾戏剧界以及戏剧文学教育的发展，功不可没。

建立台大最早的"共同通识"课程

以上所述，无论人、事、物，纪录均斑斑可考。另有一些淹没于时间洪流的，亦可见证颜老师的远见。如台大大一英文课程的教材，原先一向是薄薄一册，内容是短小精悍的英美名家散文，虽能帮助读者习得文字技巧，却难以启发他们的智慧。颜老师认为这门课应当使学生借着阅读开拓比较全面的现代观与思辨力，于是在系主任任内，约集教师，广收20世纪论介人文、社会、艺术、科学等的英文散文，由外文系教师详加注释，并附讨论题目，编写成书，作为全校大一英文教材，期末考试也是全校统一会考。有些文章连授课教师都是第一次接触，为此他还办了多次演讲会，敦请外院系的教授，为外文系师生讲授各科专长。日后这本厚重的英文教科书不断更新，成为台大人的"共识"——最早的"共同通识"课程，长达二十多年。直到后来大一英文松绑，才由任课教师自选教材。

颜老师不但重视学术研究，也曾致力普及英语。他编过许多字典，学习英语的台湾人想必熟悉。今天比较不为人知的是他的另一项"第一"：在台大外文系编印《英文报章杂志助读》对外发行，既嘉惠广大读者，也替外文系增加一些收入。这份刊物最先以报纸大小发行，后来改为月刊。内容如刊名所示，选自美国最新的报刊文章，除了中译，还有详细注释，方便读者自修。今天我们谈国际化、谈英语学习的重要、谈创收，不能不佩服颜老师这位先行者的高瞻远瞩。因为有这种种业内业外的项目，外文系的工作量比以前增加了不知多少倍，教师、助教、职员都忙翻了，但我不记得有谁抱怨。那是一段努力奋发的美好岁月。

哲人日已远

  我心目中的颜老师是一位有远见、有胆识、有担当的开创者。豪气干云的他，一旦认定目标便勇往直前，因而缔造了许多项第一。怀念恩师，此刻，我想到莎士比亚在《凯撒大帝》(*Julius Caesar*) 剧中让安东尼向罗马群众说的话：Here was a Caesar! When comes such another?（哲人日已远，后继者谁何？）

  （原载台湾《文讯》2013年第2期，作者系台湾大学名誉教授）

怀念颜元叔教授

吕正惠

上周的一次朋友聚会中,我偶然听到颜元叔去世的消息,内心受到很大的震动。自从知道他移居大陆以后,一有机会我就问别人是否知道他在大陆的地址,但没有人能够回答。我心里也想,这事也不是很急,总会探听到。潜意识里似乎觉得,颜元叔身体很好,说不定我们哪一天还会在大陆再见。总之,几年来我常常想起颜元叔,也一直在寻找他,但不能说很积极。现在好啦,他走了,还有什么好说的。

我个人对颜元叔的感情是很难用言语来表达的,说了别人也不能体会。我感到奇怪的是,每当我偶然在别人面前提起颜元叔时,别人都会认为,我提了一个不值得一提的话题。我感觉到,颜元叔好像彻底被台湾文化界遗忘了,或者说,台湾文化界根本就从未存在过颜元叔这个人。

两三年前,《文讯》杂志想要为台湾文学的研究者建立一个资料库,初步计划是先选五十个人。我和其他两位比我年轻的著名的教授受命拟定名单,再汇整讨论。在见面讨论时,我发现他们两人的名单中都没有颜元叔,我只能说我感到震惊。这不是说,他们两人认为颜元叔没有资格列入五十名之中,而是,他们连颜元叔这个名字都没有想起来。然而,也不过在四十多年前,颜元叔却是台湾文坛大红特红的评论家,连续十年之间做了很多事情，引起很多争论，俨然台湾文坛漩涡的中心。而现在，一切了无痕迹，好像水面上从来就没有产生过这样的波澜。

颜元叔1967年得到美国威斯康辛大学英美文学博士学位，随即回到台大外文系任教，那一年我进入台大中文系就读。1969年颜元叔担任外文系主任，我进入大三。那时候，中文系有一批学生团结在柯庆明周围，想要为研究中国古典文学寻找一种新方法，而颜元叔也就在那几年不断地写文章，评论台湾现代文学和中国古典诗，他的文章常会引起我们的注意，引发我们的讨论。我的学长和同学的情况我并不很清楚，但颜元叔的每一篇新文章，只要我知道，都是必读的。颜元叔的批评文集，从《文学的玄思》(1969)到《社会写实文学及其他》(1978)，十年之间出了七本，只要一出版我就买。我在台大七年，除了中文系少数两三位老师，还有学长柯庆明，就属颜元叔对我的影响最大。

就我的记忆所及，颜元叔在台湾最红的那几年，他做了好几件事。第一，他想要有系统地评论台湾的当代作家，曾经为五个诗人（余光中、洛夫、罗门、叶维廉、梅新），三个小说家（白先勇、于梨华、王文兴）写过专论。我认为，他企图为战后台湾文学作个总评。遗憾的是，由于他的诗学观点和创世纪诗社南辕北辙，他和洛夫等人彻底闹翻，这个工作并没有继续下去。他这些文章，连同夏济安、夏志清的评论，是我早期学写批评文章的范文。三个人之中我比较偏爱颜元叔，他的论点鲜明、文笔清晰，跟我的个性比较相合。我后来在《小说与社会》中评论了我认为当时最重要的六位台湾小说家，实际上是延续了颜元叔的工作。我之所以没有写诗人评论，也是因为看到颜元叔做这种工作所惹出来的麻烦。

颜元叔对台湾现代文学一些看法，现在已经很少人记得。但有两点我觉得应该提起。首先，他曾经以重炮攻击台湾现代诗某些重大缺陷，并以嘲笑的口吻说，所谓新诗，就是稿纸写一半。现在大家都还记得，唐文标和关杰明所引发的现代诗论战，但很少人知道,颜元叔其实是先驱。其次,他是捧红王文兴的《家变》的人。《家变》在《中外文学》连载时,可说骂声不绝。《家变》连载结束,颜元叔立刻发表长篇评论《苦读细品谈家变》,彻底改变了大家对这本小说的看法。王文兴自己就说过,没有颜元叔,《家变》不会这么轰动。我认为,颜元叔的这篇文章是他最好的评论。这篇文章对我影响很大,有了它我才能写出《小说与社会》中的那一篇王文兴论,我自己觉得,这是我最好的小说批评。

颜元叔的第二个工作和第三个工作是和台大外文系的同事创办《中外文学》杂志和比较文学博士班。这两个工作是彼此关联的。颜元叔认为,外文系的学者不应该只是研究外国文学,应该关心本国的文学;运用西方的理论和方法来论述自己的文学,才是外文系学者应做的工作。同时他也认为,没有一本优良的文学杂志,本国的文学就不可能得到健康的发展。由此可见,颜元叔是具有使命感的人。我们不应忘记,一直到20世纪70年代前期,《中外文学》始终是台湾文坛的最重要刊物之一,当时对文学有兴趣的人,很少不看这本杂志的。

颜元叔的第四个工作是,努力译介西洋理论,他花了两年多的时间译出了卫姆赛特(William K. Wimsatt, Jr.)和布鲁克斯(Cleanth Brooks)合写的《西洋文学批评史》(1971出版)。本书中译稿多达五十五万字,而且非常难译。颜元叔说,他的父亲将全稿修改了两次,以便让译文更接近可读的中文,他自己也修改了两次。20世纪六七十年代,很多人谈论西方理论,但很少人愿意像颜元叔这样下苦功夫搞翻译工作。我曾经花了整整两个月的时间,对着英文原著将全书细读一遍。从此以后,我才敢读西洋理论。而且在对读的过程中,我还发现,译错的地方并不多。书所以难读,是因为理论实在很不好译。颜元叔的这个工作,我到现在还深深感念。此外,他还在1973年主持翻译了一套西洋文学批评术语丛书,共二十本。这套书主要是由外文系的年轻老师和研究生翻译的,水准参差不齐,但对我还是很有用。我有许多西洋文学知识是从这套书学来的。(这套书的英文版第一批出二十本,接着又陆续出了一些,台湾并没有继续译下去。后来大陆好像全套翻译了,只是我无法买全。)

1974年7月,在学习七年之后我离开了台大,那时候颜元叔还是很红。我常听到关于他的一些耳语,知道有人私底下叫他"屠夫",大概因为他为人有霸气,文章也写得凶悍。还有人更不客气地称他"市侩",这是批评他贪财好利。我只关注他的工作和文章,不怎么在意这些流言是否属实。现在我已经了解了,一个人在最红的时候,是不可能没有毁谤和流言的,何况颜元叔一向我行我素,根本不在意别人的批评。

据我后来的体会,颜元叔的没落和两件事有关。1971年的台大哲学系事件,他没有表态支持官方,有人不高兴,因此没当上文学院院长。同时就在那一段时间,他开始提倡社会写实文学,再加上以前他对现代诗的攻击,实际上,他和后来兴起的乡土文学精神上多少有相通之处。我还记得,他曾在1973年的《中外文学》发表《台湾小说里的日本经验》,这篇文章比林载爵那一篇著名的《台湾文学的两种精神》还要早几个月出现。因为以上种种,当乡土文学进入全盛期后,他的处境就变得非常尴尬。为了自我澄清,他曾带头攻击具有阶级意识的"工农兵文学",以便努力为他所提倡的"社会写实"文学留下一片清净地。即使如此,反对乡土文学的人中仍然有人暗示说,他为乡土文学当了开路先锋;而乡土文学阵营的人,也不可能接受他那种温和的立场。在两边不是人的情况下,70年代中期以后,他就逐渐离开文坛的风暴圈,主要改写杂文,成为名噪一时的散文家。

但颜元叔并不想以散文家的身份终结他辉煌的事业。他说,人一进入五十,就应该写一本大作。他最先的想法是,分析中国古典诗中的一些名作,把他的所学奉献给中国文化。在这之前,他这方面的文章由于喜欢谈论诗中的性意象而备受攻击,现在他又犯了一个更严重的错误。1977年12月他发表了一篇《析杜甫的咏明妃》的文章,居然把这首耳熟能详的名作误记了两个字,而且还洋洋洒洒地据此分析了数千言。这一下就产生了群起而攻的局面,他虽然公开道歉,有人还是不依不饶,而且还有监察委员想提案弹劾。当时我为颜元叔感到惋惜,但我认为,他只是太过自信,相信自己的背诵能力,不肯再查一遍书,而犯了大错,这根本无损于他的学识和能力。但不少人认为,颜元叔完了,没有人会再重视他了。

1983年,我买到颜元叔刚出版的厚厚一本巨著《英国文学:中古时期》,七十万字。我读了他的后记,才知道,他现在全心全力想要为中国人写一大套英国文学史,共分七大部,每部七十万到八十万字,预计五年完成。看了这样的后记,我真是既感动又感慨,这个顽强的颜元叔是不可能被击垮的,他还想做事。这之后,我等他的后面几部等了好几年,一直没等到,就没有再注意了。现在为了写这篇文章,翻查他的著作目录,才发现他在1995到2002年之间出版了四大部《莎士比亚通论》,分别评述莎士比亚的历史剧、悲剧、喜剧和传奇剧,最少的676页,最多的967页。由此可见,他虽然没有按原计划完成全书,但总字数和他原定的设想也已相差不远。我完全没有料到,在最孤立的八九十年代,他还能写这么多,真是了不起。

九十年代以后,颜元叔开始在《海峡评论》倾泻他那激情澎湃的民族情怀,我没想到我们最后会以这种方式产生了感情上的共鸣。我也在《海峡评论》写过几篇文章,他曾写过一封短信给我,赞许其中的一篇。有一次我们同时参加大陆的活动,但分乘不同的车子,我远远地看到他,特别跑过去跟他打招呼,这是我最后一次见到他,估计应该是十三四年前的事了。

颜元叔哪一年把他的生活重心移转到大陆,我现在还不清楚,但我能理解他的心情。有一件事我想在文章的最后提一下。

1980年10月24日，在乡土文学论战结束、美丽岛事件发生一年多以后，颜元叔在《中国时报》人间副刊发表了一篇《也是乡土，更是乡土》，其中有一段是这样说的：

在台湾谈台湾的乡土，应该包括一切真正爱台湾的人。泥土本无情，有情是人的脚跟踩进去的，指头按捺进去的，膝盖跪压进去的。当你在这个地方，当你为这个地方，流了汗，流了血；这汗与血的灌注是亘古以来的自然祭礼；那淌流血汗的人与这承受血汗的土地，其间建立的盟契。没有行灌注礼的人，不算乡土之民；行过灌注礼的人，是过客亦变成了乡民。乡土是一种爱；爱这块泥土，这块泥土就变成乡土；作践乡土的人，虽然营居三代，永远只是闯入者。乡土不是专利，于是岂可垄断——台湾的乡土属于一切爱台湾的人。

我的学生蔡明谚跟我说，这一段话讲得真好，真感人，到现在还有警示作用。是啊，颜元叔是无愧于台湾这块土地的，他曾在这里流了汗、流了血，做了很多别人没有做过的工作，他是值得我们怀念的。

2013年1月12日

补记：在写这篇文章时，刚好收到蔡明谚寄来的新作《燃烧的年代——七〇年代台湾文学论争史略》（台湾文学馆出版）。这本书有许多篇幅谈论颜元叔，帮助我确定一些日期，提供给我一些资料，对颜元叔有兴趣的人可以找来参考。

（原载台湾《文讯》2013年第2期，作者系台湾著名作家、淡江大学教授）

草木深深

——回忆颜元叔教授二三事

张瑞芬

一

2012年真是急景凋年,年头告别式才送走朱炎院长,年尾又是颜元叔教授,两位老前辈都和我有些缘分,虽然我一非台大二非外文系。朱院长1999至2006年任逢甲人文学院院长,是我的老长官,颜元叔教授则2007年嘱我编他的散文精选集(也成了他最后一本书),因此有些联络。直到现在,我还没和颜教授见上一面,可他的老辈风范和执拗脾气,却让我永生难忘。

我之做台湾当代散文研究,本无既定的政治立场,只选好的,女作家做完做男作家,注定遇得上老少世代各派人马。2007年暑假将尽时,一通电话响起,赫然一个陌生而客气的声音,台大中文系周志文教授吩咐我为上海世纪出版集团"台湾学人散文丛书"编简体字版颜元叔散文精选集。我虽不知道这世纪出版集团是啥,周志文教授倒早在我想写的"台湾男性散文50家"口袋名单里,颜元叔教授就更是了。

我心想一箭双雕,刚好借机认识两老,于是连声道是。更何况这是再容易也没有的差事了,没多久前我才发表了《七〇年代颜元叔与吴鲁芹的散文》一篇数万字论文在《台湾文学研究学报》上,有关他的所有资料,谁有我齐全?

我喜滋滋还费了点劲为这书写了篇导读《市井烟火，人间百态》，丛书主编周志文教授大概觉得写得还不离谱，隔年把他自己即将出版的散文集《同学少年》打印稿交我写序。记得那是酷暑七月，从台大对面诚品书店二楼玻璃窗望出去，街道热得仿佛要蒸腾起来，那一刻我才知道，嘱我编这精选集的原来就是颜元叔教授，而不是周。

坐在这2013年早餐桌前，看着一月号《印刻文学生活志》里那许多读者晚辈对木心的深情与尊崇，真是把我读呆了！一个人竟可以使未曾谋面的人这样情痴绝对，个个盼望看他一眼，又惶恐打扰老人家，嗫嚅着不算读懂他，没资格来参加告别式。原来，我们对心仪的作家也是情怯的。从2007年我和颜元叔教授信件电话来回多次后，我就曾千方百计去找他访谈，都被他坚拒（"我身体不好"、"我走路不方便"、"访问我做什么"、"我对台湾的政治很失望"），更大的原因是我心里也嗫嚅着下不定决心顶着被骂的风险去扰他。于是，如果他现在还好好地在上海养老，我应该也还没去找他，只是没想到这样快、这样快。这使我想到木心临终病榻说的："文学在于玩笑"、"文学在于胡闹"以及"文学在于悲伤"。

二

20世纪70年代，颜元叔教授在散文里的玩笑和胡闹还少吗？第一篇散文是60年代末无心插柳发表于报纸副刊的《晒太阳记》。据说其友朱炎每见必称赞一次，如是者三年不辍（好玩的地方正是"三年不辍"，这人多大的劲儿！而且他还认真写过一文《谈颜元叔的民族文学》评颜）。70年代初颜元叔任台大外文系主任，与当时任文学院院长的朱立民大事改革，使外文系气象一新，夏志清回台曾谑称"只是朱颜改"（指的可不是朱炎），颜道："我们还没听懂，他自己已经笑得死去活来。"颜元叔

《我的朋友朱立民》这篇文章极有趣,形容"朱某站在国父遗像下,助教们像两排栖在树枝上的秃鹰,左右延伸开去",堪道与吴鲁芹1975年写夏济安的《记夏济安之趣及其他》比肩。谁知道1976年夏颜笔战,此后文坛实力颜消夏长,现在再回头看他们的笔战文章,老一辈吵架还是气势磅礴,精彩得很!

说到"文学在于悲伤",那就要到《五十回首——水头村的童年》(1985)了。这一系列回忆湖南故乡的散文,道出了战争动乱与困顿的成长。文字写实白描,却有星光点点的灵韵,闪现于黑暗荒陬之中。例如《山村的黑夜》描写夜里祠堂闹鬼,山村夜闻獐子叫、鬼打号,深夜独醒,"承受着整个黑夜的威胁,一颗心灵面对无边的黑暗"。虽说是孩童无知,以童趣与好奇窥看人生种种灾难与无常,正如林海音50年代写台北的《城南旧事》,这一组颜元叔的童年杂忆,无疑也是文坛值得重视的时代纪事,被注意的程度却远逊于早先《人间烟火》、《玉生烟》、《鸟呼风》中的街市菜场、懒猫烧饼、假日庭院晒太阳、寂寂暑热话监考。

我如今五十。逐渐领会到五十当回首。虽说早也知命,但青春悄悄从指间流逝的怔忡,早几年还无知无感哪!(年轻时看白先勇的《金大班》,什么肥膀子吊到柜台上,四十几岁的女人连真正的男人都可以不要,只觉四十好老了。)颜元叔散文的时空背景更早,是"目睹台北从一个满街木屐的黄昏,跃入满街自用小轿车的早晨八点",当时罗斯福路两旁是狭仄的矮屋,傅园外一溜卖烧饼豆浆的违章建筑,长巷中透出街边人家温暖的灯光,路口面摊大铝锅盛着浓郁喷香的牛肉与蹄花。当时的大学教授不必为计划、升等或评鉴团团转,主任一当二十年,安静地在几坪榻榻米的书房吃花生米啜小酒,与女弟子谈书论画,啥款日子!我辈一个个都像《后宫甄嬛传》劫后余生出来的般。

八十岁了的颜元叔教授,想起当年的疾视盛气,凡蜡烛皆男性,凡香炉必女子,还有那要命的万户捣衣声可不是月下洗衣,是否也觉得自己曾年轻鲁莽？但佳文难再得，我可一点儿也不在乎那些小瑕疵。在午后书房，寂寂夏书，颜元叔收起学问的锋芒，以一支生花妙笔与纯真、直率、敏锐的心眼作社会视察，极得"趣"字真谛，他又善于丑化自己，深得小人物的真髓。批评他轻率为文的人不少，他却说："这种文体完全是我人格的迸发，我也花了很大心思去修改，这流利轻快是经过很大心计的。"讽刺的目的是存心纠正世道人心，纵使出语轻佻，言不及义，也有深意寓于其间，"写杂文的人，尽管嬉皮笑脸，却是内心诚恳"。直到现在，文坛真的也找不出几个这样一针见血、语不惊人死不休却能让你笑岔了气的犀利一哥来。

但我当年论文（天啊，五年前恍若隔世）里说，因为着重文学的社会性，他对文字技术不如吴鲁芹讲究，吴鲁芹轻裘缓带近似林语堂，他讽喻机警较像钱锺书。75 岁的他没生气，还找我编他的散文选集，足见人老了也转了性情，这样包容我的胡扯。

（原载台湾《文讯》2013 年第 2 期，作者系台湾逢甲大学中文系教授）

喝过湘水的好汉

——悼念元叔兄

胡耀恒

元叔兄走了,老友凋零,倍感去日苦多;但在我辈之中,他多方面的成就当会长留人间,这里仅略述几件我直接参与和目睹的事情,借以表示我对他深切的悼念。

在教育改革方面,他将外文系大学部的课程变得系统化又丰富多元,让学生对中西文学有全面认识的机会;在他的示范和鼓励下,很多同仁开始使用和美国大学英文系相同的教科书,普遍提升了学生们阅读的能力,为"国家"建设提供了外语方面的人才,有的在毕业后"出国"深造,很顺利地就获得博士学位,今天在"国"内、外大学任教的学者,很多都是他的门生。

元叔兄学成"回国"时,带回了当时盛行美国学府的"新批评"(the new criticism),并运用它来教学、著书立说、写了一连串的文章、解读古今中外的诗歌和小说,在批评界掀起一阵狂澜,长达十年。新批评在理论上有它的特色、方法与局限,在70年代的美国开始消沉;也就在同一时期,元叔兄在解读中国古诗的文章中发生错误,从此改弦更张。但瑕不掩瑜,新批评仍不失为解读作品的一种方法;更重要的是,由他引进推广的许多词汇,仍在我们的批评论述中常见,如 close reading(细读)、paradox(悖论)、ambiguity(歧义、模糊点)、tension(张力),以及 irony(讽刺、反讽)等,不胜枚举。

元叔兄给我印象最深的是《中外文学》月刊的创立,1972

年某天,我们几个同仁相聚,偶然谈到《文学杂志》月刊即将停刊的宣告。它早期由本系的夏济安教授主编,可是后来的出版人因为亏损过巨不愿继续。同名的月刊曾于1937年创立,由朱光潜主编,内容以创作与评论为主,兼及对中外古代文学的研究,第四期后因日本人入侵停刊。夏教授主编的杂志承继了这个传统,它的停刊固然让我们感到遗憾,但又束手无策,未料元叔兄次日清晨就邀约大家早餐,商议接替出版事宜,表示他可以负责筹集经费。接洽时该杂志的出版人要求转让费,我们只好改为现名。这件事充分显示了元叔兄关心文学、剑及履及的作风。在海峡两岸文学暗淡的60至80年代,这两本杂志继往开来,做出了历史性的贡献。

元叔兄写作甚勤,著述总数在百种以上,其中包括《英国文学》、《西洋文学导读》以及《莎士比亚通论》等弘著,研究内容扎实,并且渗入颇多个人见解,使他成为台湾学术界的巨擘。但更为人熟知和爱好的是他的散文,内容与风格多彩多姿,有的慷慨激昂,有的嬉笑怒骂,有的诙谐讽刺。这些篇章大都结集出版,其中的《水头村语》在推荐中写道:内涵从武则天到雷根,由放洋通婚写到警匪枪战;国内与国外,个人到社会,充分发抒了一个书生对社会、国家与人类的关怀与寄望。

写作、研究、授课、行政以及其他公私事务,使元叔兄未到古稀之年即已积劳成疾。初期相当轻微时,我偶尔到他的研究室探望,总见他在伏案写作,不过他告诉我遵照医生指导,必须大量饮水。他还一再告诉我,他看到中国在奥运会的奖牌累累,不禁热泪盈眶;相反的,如果中国没有超英赶美,他要拒绝死亡!现在他以八十高龄去世,去世前每天看三份报纸,对世局了如指掌,他定会默默辞别他的亲友,说他的心中了无牵挂,大家多多保重。

(原载台湾《文讯》2013年第2期,作者系台湾中华戏剧协会理事长,台湾大学教授)

做什么人？做什么样的中国人？
——敬悼恩师颜元叔教授

王津平

颜元叔教授是海峡两岸特别为人敬重的爱国知识分子，也是我心目中铭感一生的恩师。八十高龄辞世的颜元叔老师在学术上以及人格典范上已长留人间。作为多年受业于他的学生，也作为和平统一道路上志同道合的同行者，这些天，我无可避免地思潮澎湃，无可避免地追思着他。颜元叔老师这一走，让我们看到了，他原来是这样的一个人：如此活生生的一个人！他向他自己，也向海峡两岸所有读他文章的人们提出了这样的一个问题：你到底要做什么样的人？你，到底要做什么样的中国人？

第一个活生生的记忆：那一年，我回到母校淡江教书，忙得不可开交的颜老师和我同时被在东海大学的朋友们邀请去"闹天宫"——演讲有关台湾英语教学的改革（或革命？）问题。当时的东海大学教学一直是美国来的洋学霸系主任把持，垄断一切，本"国"教师有志不得伸张，学生们敢怒也不敢言。我们两个威斯康辛大学的英美语文及文学的"激进改革派"被特别请来助阵，朋友们要求我们畅所欲言，不必客气。我以为我已炮火全开，没想到压轴的颜老师比我更勇猛，威力四射，直攻那位满脸阴沉不敢回腔的洋学霸系主任，一点都不留情面！我们大获全胜，而这一场"战役"也迅即星火燎原全岛。颜老师当时那种"虽千万人吾往矣"，真是"一夫当关，万夫莫开"；那一场战斗结束之后，颜元叔老师阳光般的灿烂笑容就铭刻在我脑海中了。

回台北的路上，颜老师开心地对我说："你没让我失望。当年你敢和傅尔布莱特（Fulbright）主考的美国官员理直气壮地争论，指责他们白种人优越感，歧视有色人种，又搞越战杀人放火，……要不是反战的青年学者公正评审，联名写信质问美国国务院，你恐怕连奖学金都被主考官给'作'掉了。我就知道你这小子有种！"而我，也在那一场"战役"之后开始思考颜老师深层次的有思想有理论的民族思想——那是我出国前追随他研究西洋文学批评时所不曾感受到的。

在中国统一联盟担任主席的那几年，和晓波兄一起邀请颜元叔老师来盟演讲，他的演讲总是让人深受感动也深受启发；我们请他担任德高望重的中国统一联盟盟务顾问，他也毫不犹豫欣然接受，并视为大责重任。当年，他给我们鼓励的话，至今言犹在耳："你们小小的办公室，做的可是大事业；这个小小的演讲台传播的可是大真理：看你们的盟员不分老中青都热衷学习，我相信你们的爱国事业有朝一日会大大地发展起来。我以前没说错吧，当理念和群众结合在一起的时候，历史的力量就像火山一样迸发出来！好好干！以后我人在大陆老家，心，还是跟你们在一起的。"

重读颜老师为《海峡评论》写的文章，不感动、激动也难：

"唯独为中国的命运，为中国近代史，为中国当前的挣扎、奋斗成就，我有流不完的悲痛泪，流不完的兴奋泪！当年读到王晓波痛斥索拉兹与台湾'索奴'的文章，读得我老泪纵横……"

这是颜元叔教授刊登在《海峡评论》的文章《向建设中国的亿万同胞致敬》至情至性的开场白。这篇文章在大陆的网站上流传甚广，回响极多、极大，值得"语录"下来：

大家都是中国人了——唯独"振兴"中华，则"同志仍需努力"！

大陆一民运人士竟然认为"中国被殖民化才能现代化"，

疯了!

中国的前途在中国大陆,在那11亿心含"鸦片战争"之耻,心含"八年抗战"之恨的中国人身上!他们衣衫褴褛地制造出原子弹、氢弹、中子弹。他们蹲茅坑却射出长征火箭,他们以捏泥巴的双手举破世界纪录,他们磨破屁股包办12面亚运划船金牌,他们重建大地震全毁的唐山而被联合国颁奖为世界模范城市……同胞们,他们为的是什么?没有别的:他们爱此"中华",他们不能让"中华"再陨落!

要爱中国,不再只是口号,不再是情绪,而是要像大陆40年,苦心孤诣胼手胝足,不仅流汗甚至流血地干,干,干!把大庆油田打出来,把北大荒垦出来,把葛洲坝拦江筑起来……难以屈指的各种建设,无数的建设,把中国建设起来——这才是爱中国!

吃得苦中苦,方为人上人。苦出来的中国人,如今在人类中崭露头角了……40年隔岸观火躲过了这场火之洗礼,就个人的福利而言,我们是幸运者;就重建民族国家的责任言,我们是十足的逃兵!……

中国的问题很复杂,其实也很简单,简单得只有一个字:干,干,干!多加三个字:苦干,实干,硬干!

就中国而言,建设国家就是一切!于是,在中国的问题上,你就知道为什么有集体主义之必要,社会主义之必要,权威专制之必要!……只有这种精神,这种体制,才能团结一切的人,团结一切的意志,一切的力量,众志成城,万众一心,处处攻关,力成大业。

以上摘录的,在今天不再是唯一的声音;可在20年前,在反共、反中思潮弥漫的台湾,颜老师可真是言人之所不敢言!

颜元叔教授1992年9月刊在《海峡》的另一篇文章,《为"中外文学"20周年而写》,主标题在当时肯定也是相当耸动的,也确实轰动一时的——"一切从反西方开始"。文章开头,他先叙述他20年未见的台大外文系老同事与他一见面就吵——而那位老兄竟对他说"我们读文学的人，就是要尊重个人，人性，自由，民主"。颜元叔"嗤之以鼻"，回敬他："在近代史的国际环境中，我们中国人要尊重的是人群，集体，与国家……"自此以后，"舍我其谁"的颜元叔老师更奋不顾身地公开"开战"了。再"语录"颜老师的一小段文字吧！请看：

我们认同西方价值观，被西方价值所征服，都直接与鸦片战争有关，与鸦片战争以后的一切中外不平等关系有关，是一个历史因果。我们这一群人到如今还是处于鸦片战争八国联军被征服者的地位上：西方继承着胜利的地位，我们继承着失败的地位。可以这么说，西方打败中国，中国向西方降服；降服的中国人之中出现了一批又一批的中国知识分子，一代又一代的中国知识分子，自愿或不自觉地作为西方殖民中国、征服中国的代理人……

多么警励人的话啊！颜元叔直指每一个人，他质问："你到底要做什么人？你到底要做什么样的中国人？"连大陆上这一代自以为知道，其实却不知道自己要做什么样的中国人的青年也被他震撼到了！

1992年6月刊登在《海峡》的另一篇文章更直接指向"邪恶帝国主义美利坚"，那又是一篇战斗性质振聋发聩的犀利文章！教训的是一位来信与他"切磋"的大陆学生，也教训了那一世代盲目的西化派。这篇文章在大陆流传极广也议论甚久，值得引述且探讨一下。颜元叔理直气壮地回敬那位亲美的青年："我说的美国帝国主义是指美国之全体，美国之国体，美国的整个体制——这个体制之政治、经济与文化之特质及结构。是美国人全体构成了美国两百年之帝国主义！就算美国有一万个'白求恩'，能够改变美国之资本帝国主义，民主帝国主义的本质吗？"

好一个"民主帝国主义"！

颜元叔教授这一篇"邪恶帝国美利坚"却是一篇力作，也是一篇有他个人思想体系的力作。"奇文共欣赏，疑义相与析"，这篇作品值得吾人细细品味。

美国作为一个"流氓国家"（rogue state），杭士基（Noam Chomky）所揭发的，美国这个"民主的帝国主义"，其实正是个"超级流氓大国"。台湾被美国"少数人的民主"操控、颠覆、利用至今，还在被美国——近年来到处出兵杀人放火的"邪恶帝国美利坚"主宰着：连日本军国主义再起，全球保钓在爱国人士风起云涌的形势下，两岸四地保钓再起，那些不知道自己是中国人的"台湾人"连要不要两岸共同保钓都搞不清楚，一再失去作为中国人应有的立场；连虚张声势的美日安保，连美国对中国的"新围堵"亮出来了，你啊，你到现在都不知道要站在哪一边（which side are you on?）；失去祖国认同的人们啊，醒醒吧，细细品味一下颜元叔教授的文章吧！

立言，是不朽的事业，颜元叔教授已可称不朽。他揭穿"邪恶帝国美利坚"的真面目，他掏心掏肺地"向建设中国的亿万同胞致敬"，他要做他自己这样的中国人：他，颜元叔，挺着民族脊梁的颜元叔，值得人们向他致敬！

2013 年 1 月 20 日

（原载《一片冰心在沸腾》，海峡学术出版社 2013 年 11 月初版，作者系台湾中华基金会董事长）

追念一个不平衡的人——颜元叔

孙万国

颜老师辞世（2012年12月26日）的消息，是十来天后由同学的电子邮件里才得知的。失落怅然之际，上网查看细节，好不容易才翻着一条短讯。迄今近乎一个月了，也只出现过一则陈芳明兄表达"非常悲伤"的报导。相形之下，"章子怡穿透视装出席活动，获男助理蹲地服侍"的消息，数小时之内，已有超出三十五万个网页刊载。颜元叔身居20世纪六七十年代的学术重镇，学院之外的笔墨挥洒，也博得过台湾十大散文家之一的盛名。然而世间少了一位感时溅泪的杰出学人，竟抵不过戏子艺人身上少了一块布。颜先生身后如此寂寞萧条，我不由得悲从中来。先生已去，我无缘蹲地服侍。辗转反侧之余，必要抗议社会的冷感无情，不得不提笔略述个人所见先生的行谊点滴，聊寄弟子门生的哀思。

"门生故旧"的情谊，在颜先生看来，是一桩中国人的"陋习"，他一再反对过"这类老观念"，认为"师生之间，除了知识的交换，就不要牵涉个人关系"。这是他早在三十多年前的话头，但同时他又感叹"为什么自己的学生总是带不亲？像中文系的教授们，学生一旦跟定，就是一辈子的门生关系。无论老师是好是坏，是沉是浮，是赴汤还是蹈火，那批门生总是忠心耿耿追随，直到老师死了，还大写纪念文章。自己的学生呢，开始一两年还像学生。然后就是朋友，然后就是对头……还可能是自己的刽子手"。颜先生的门生故旧何止千万，我作为颜先生的无足轻重的小"对头"，本不宜出头说话，况且负笈澳洲成了"洋奴"后，与先生隔绝三十余年，除却偶读先生颂扬共产中国的公开文字外，其余茫然无知。故此回首省思兼为忏悔录的文字，只为抛砖引玉，望天下颜先生的知交，能出尔告示天下更多的颜先生。

我和颜先生面对面打交道是从吵架开始的。尽管课堂里也听过他自得其乐地吟咏莎士比亚或 Matthew Arnold 的优雅诗篇，但由粗壮嗓门和略带口音的颜先生读来，于我却常如过耳即忘的市井之声。那年我出任台大外语学会（四个年级五百多个外文系学生构成的学生会）会长，颜先生则是霸气十足的系主任。在组织各色活动，如耕华文教院的舞会，和敦请余光中老师评审的英诗朗诵比赛之外，我更刻意主办了名人讲座系列，包括邀请孙中山的儿子孙科谈人口问题、台湾的枢机主教于斌谈宗教信仰。颜先生想必是看到了校园里海报板上的通告，一天找人把我叫到他的办公室，着实臭骂了一通。理由是我不该邀请政治和尚来大学放毒（按：于斌身任辅仁大学校长兼辅大神学院院长，校董会里有蒋夫人宋美龄）。我自然据理力争，盖当时自己适正挣扎于生命目的和生死冥想的困惑，觉得找个宗教界领袖一谈人生意义和青年灵性问题，未尝不可，也并不出格。吵架后不久，于斌的讲座取消。倒不是因为屈从于颜先生的淫威，而是演讲前数日，突然接到一纸赫然毛笔大字、信封署有"于斌"的亲笔八行书，说是身体微恙不克出席云云。对此一临阵变卦，我私忖不过是个托词。扫兴之余，只好通告取消。然而事后得知，此笺并非诓言。原来于斌先生来回辅大和神学院之间的稻田时，适有徜徉其间的水牛，见着了身穿大红袍的枢机主教，误认为西班牙的斗牛士。一时性起，冲撞过来，于先生为此受伤住院。

这头一遭的师生会，便是如此不欢而散，然而我心底里却是折服于先生指斥显要、排拒官府的民间气味。我年少轻浮，却慑于名流威望；虽从无攀缘显贵之心，毕竟有矫情虚荣之嫌。

再和颜先生打交道时，已是我台大毕业、兵役将满的两年之后。这一回，又是颜先生主动找我。原来，兵役将了期间，突有人带话，谓中兴大学外语系的主任齐邦媛要找我一谈。齐老师在家里备了一桌菜，问我是否愿意到中大当她的助教。我和齐老师素不相识，与中大也毫无渊源，真不知是何人举荐。但兵役结束，即是投入社会求职的开端。特别是我来自赤贫家境，又是六个兄弟姊妹中的老大。如今兵役未了，魅力万千的齐老师便找上门来。我自然是受宠若惊，喜出望外，不等就餐，便立马答应。然而，万万料想不及者，却是此后未几，臭骂过我的颜先生居然也点名要我担任他的助教。此刻，我再无受宠若惊之感，唯有愁苦不安。最后做出了一生愧疚的举动，即背叛了齐老师的知遇和我的承诺。齐先生想必怪我势利眼，对她不够尊重，低估了她的号召力。其实我食言无信、选择回台大者，并非出于颜先生的威力感召，只为简单朴素的一念：台大是母校。对于齐先生，我迄今背负着沉重的原罪，再也未敢看望过她，乃至于她在桑榆晚年奋笔力书的回忆录《巨流河》出版时，我只有默默通过网络观看她的新书发表会。至于颜先生的谬赏，倒是出于不打不相识，他居然能够对其学生不念旧恶，抛却前嫌，我当然也是拱手称谢的。

　　颜先生所以大气，在于他是个开辟局面的人物。他点名要我这个学习成绩平庸的弟子当助手，为的是帮他创办《中外文学》及《英文报章杂志助读》。两份刊物皆是月刊，我同时担当两刊首任的执行编辑，终年忙乱不堪。当时并无电脑作业，全是铅字排版，故大多时候骑着破旧的摩托，奔跑于台大和万华的皇冠印刷厂之间，尤其是连载王文兴的长篇小说《家变》的那段时期。王老师是出了名的严谨近乎挑剔的作者，单单为了校正他小说里的标点符号，我不知跑过多少回印刷厂。数年间，系里的期刊室一挂上夜幕，便成了我的山寨蜗居。《英文助读》的差事，索然无味。但《中外文学》在1972年问世，却是起令人振奋的壮举。当时台湾民间的文学杂志寥寥无几。除了林海音的《纯文学》

定期出版外，白先勇创办的《现代文学》摇摇欲坠，尉天骢的《文学季刊》也因陈映真等作者的被捕，在两年前休刊。《中外文学》创办之初，便网罗了台湾大学中、外文两系的精英耆宿，又同时对社会开放邀稿。颜先生的开山之功固不可没，中文系前辈先生们的鼎立襄助，亦不可少。除了林文月慨允贡献连载她的经典翻译《源氏物语》，及叶嘉莹惠赐宏文外，《中外文学》刊名的四个大字，也是我花了半个月薪水，托人买得走私但正宗的茅台，来到书法名家兼酒仙的台静农老师的"歇脚盦"请他磨墨题写的。第二年，澳大利亚的作家怀特（Patrick White）荣膺诺贝尔文学奖。其时资讯阻塞，并无网络可依，只好跑到南海路美国新闻中心的资料室，挖出点零碎的材料。居然就这样，在总编胡耀恒先生的主持下，也折腾出两期的"怀特专辑"。这一无意间的澳洲结缘，后来也竟然让我在澳洲过了大半辈子。

颜先生的大气还包括他的"用人不疑"，放手任由下属便宜行事，也容忍学生放肆批评他的文字是狗屁文章。当然还有耀恒先生的宽容，便利了走私空间，我可以不时拉稿或抢先处理"左翼"朋友圈里的来稿，诸如黄春明的《鲜红虾》，特别是唐文标的几篇批判现代主义文学的重头文章（《先检讨我们自己吧》、《天国不是我们的》、《僵毙的现代诗》和《日之夕矣》），这就渐渐引起颜先生的警觉。待得唐文标在尉天骢的《文季》创刊号亮出《诗的没落——香港台湾新诗的历史批判》，他再也坐定不住，挥笔反击，这就是震动台湾文坛的"唐文标事件"。基于"反逃避、反颓废"的文学使命感，唐文标对现代文学（尤其是作为主流的现代诗）的批判，一言以蔽之，就是批评它逃避现实。我在当时曾归纳唐文标的批判观点如下："他以为现代诗的癌症，就是各种样式的逃避。对于过去，现代诗人未能脱掉传统文人的背壳，继承了遗老逸少自渎发泄的个性，或是幻想出世，或是有闲清谈，或是自怜自伤。六朝以来的弄禅、咏物、拟古、山水、宫体等等回忆，又在现代诗人的暗房中冲洗出来。对于西方,则透过了台湾学院派作家的买办,诗人们得以仰潜意识、性与梦、超现实、象征及存在主义等等这类进口的鸦片,背对着社会,在自家的角落里吐纳起来。现代诗集合了传统逃避与西方逃避之大成,变成了一种去势无能的艺术,对于社会不但没有积极的作用,反而要牵绊历史前进的脚步。"总之,文学必须有社会性的功能,现代诗人当学屈原、杜甫的"哀生民之多艰"。然则,颜先生的文学观又如何呢?他曾发明"文学是哲学的戏剧化"概念,结合 MatChew Arnold "文学是对人生的批评(及关怀)"的观点。积极主张"社会意识文学"(或曰"社会写实主义文学"),他也观察到"今日台湾的中国文学,普遍缺乏时代的反映,缺乏当代的社会意识"。按理说,唐、颜二人的相同契合之处正多。奈何钢铁公司对上了钢铁公司。性格使然也。原来他看不惯唐文标的独断做派。他说:"唐文标的文学见地,最令人惊愕处,是它的排他性。它不容许任何其他的文学见解或文学样式存在。顺我者生,逆我者死。唐文标在文学的领域里,是十分霸气的。我就是为了他这种褊狭的霸道作风,要说几句反驳的话。"颜先生是我的业师。唐文标则是我谊在师友之间的"唐山大兄",他和尉天骢又是我思想上的启蒙先生。故在当时的情感上,我毫不犹豫地站在唐某那头。然而多年后回顾,倒觉得颜先生所持卑之毋甚高论的立场("文学的巨宅,堂奥甚多,无人敢说,文学只有一种,其他不是文学"),更加平实中正、谦冲包容。此外,也感悟到当年对于现代主义的批判,过于狭隘偏颇。

  颜先生的办公室和助教们的两排办公桌只有隔墙,并无隔门。他的房间里有茶几、有沙发,下班后便经常成了我们这帮腐败的小助教们聚赌的小天地。此一赌艺,也恰来自颜先生的启蒙(initiation)。盖我加入助教团队后未几,颜先生便带了我们这帮小喽啰,到朱立民家过周末。朱老师是颜先生的前任,时为台大文学院长。晚饭之后,餐桌就成了赌桌。我这个来自宜兰农村的乡巴佬站着围观,大开眼界。原来扑克牌是可以玩出沙蟹(show hand）的。我猜朱先生、颜先生调教的本意，大约是几圈卫生麻将之类的余兴节目，但到了我们这帮杰出的门徒手上，外加日后卓然成家的林耀福、王秋桂，春秋之战很快就成了战国之战，动辄坑杀两三个月的全部薪水。由于不时在颜先生的办公室通宵聚赌，唐文标每来外文系见着我们，便抖动他五音不全的嗓子，改编鲍伯·迪伦（Bob Dylan）的民歌《在茫茫的风声里》（Blowing in the wind），高唱"How many hands playing on the table/Before they're allowed to be free"。不久台大文学院里"中文系好酒，哲学系好色，外文系好赌"的美誉，不胫而走。其后赌局转移阵地。或至林耀福家或是陈次云家。如此荒唐数年后，我不肯再上赌桌，倒不是听从了数学家唐文标计算概率所得出的凡赌必输的规劝，而是赌桌上的尔虞我诈，大伤同事间的情谊和气罢了。

在系办公室的日日夜夜，自然更多的时候是忙着《中外文学》及《英文助读》的编辑工作。经常无暇回到近在咫尺的温州街宿舍困觉，便在办公室的沙发上独自打盹。有一夜，不经意地突然斜眼瞅见颜先生的办公桌下，躺着一个卷轴之类的玩意。好奇之际，我爬进桌底捞了出来。清除了覆盖的灰尘与蛛网，打开一瞧，竟然是一帧大幅的蒋总统照片。毛笔上款"元叔同志惠存"，下署"蒋中正赠"。台大本是国民党知识青年第一党部，国民党刻意从中培养青年干部。我这个高中时候就是"忠党爱国"的党员，在大学期间也被选派过上山受训，吃过蒋纬国在国防指挥参谋大学招待学员们的"佛跳墙"，听他解释"党者、尚黑也"的牢骚高论。眼前这帧老蒋的肖像，显然是颜先生在国民党招纳杰出学者、上阳明山革命实践研究院培训时所得的纪念品。如今望着手上的灰尘，这一令人肃然起敬的刹那，奠定了我对颜先生终身的记忆。盖此事若在常人，早就镶个金边框架，大厅里高高挂起，以炫来客。颜先生居然弃之桌脚，留于蜘蛛盘缠，尘垢相加。其睥睨权贵、特立独行的真性情、真风骨，由此可以窥见。果不其然，漫长岁月后，我在海外图书馆，拍案惊奇地发现颜师乃父颜逍鹏，乃林彪学长，与徐向前、杜聿明、陈赓和后为"国防"部长的黄杰、袁守谦俱为黄埔一期出身，曾参与讨伐陈炯明的东征及稍后的北伐。北伐初期，还是胡宗南的"上司"（胡为第一军第一师第二团团长；颜为该团党代表）。国共合作破裂、蒋介石清党时，颜逍鹏大约因亲共之故被捕，幸蒙湖南茶陵同乡谭延闿女公子谭祥向其夫婿陈诚说情保释，由此感念追随剿共凶狠的陈诚二十余年，官拜"总参谋部中将秘书长"。1949年国民党退守来台后，亦曾出任"内政部次长"。对于这一显赫的身家，颜先生除了有回和我偶尔说及乃父出身黄埔外，绝口不谈其详，更从未以父辈之辉煌显达，骄其门生同事。用今天大陆的流行语来说，颜家独子的颜元叔也是个"太子党"了，虽然写起批评文章来，屡流露出千钧压顶的气势，但在日常行止间，则了无骄横身段。不仅没有"官二代"的架子，甚至从不摆名牌教授的架势。当时也因此无人知晓先生的荣耀身世，师徒相处，口舌平等交锋，经常就成了没大没小的朋友。

然而，对于先生的由衷敬佩，也有大打折扣的时候。一日，颜先生自外吹着口哨来到办公室，我好奇地问他何以如此开心。他说刚签了合同，买下了一栋"景美"的房子。我听后哑然如坠下巴、骇异无比。对于先生的敬意，也立即一落千丈。古德有训，"有恒产者，无恒心"。孟老夫子说的"有恒产，（方）有恒心"之见，只是针对寻常市井百姓。对于"士志于道"如颜先生的读书人来，则该如其先人颜回那样"一箪食、一瓢饮"，岂可计较瓦石，旁骛什么房地产。我当时的迂腐冬烘乃至于今日仍然贷居斗室，显然无法领会颜先生的企业精神与商业头脑。记得我最后一回见到先生时，他从包里亮出一叠厚厚的照片，全是他在上海别墅的亭院风光。先生的嘿嘿得意，溢于笑貌言表。可不是么？小桥流水，水塘莲花荷叶，叶拂荡船，船可载歌采莲。真是养生怡神、称心惬意的颜家大庄园了。

颜先生自许的早年成就之一，就是他不屑于攻读比较文学的台湾游美学子。比较者，比的是中西，占了一个中文的便宜。颜先生认为既然到"国外"学习，就该专攻外文，不该掺水。也不当取巧于又中又西，结果不中不西。他确实是不仗父荫、留学苦读，在美国拿下"英美文学"专业的台湾博士。回到了以英美为主的台大外文系任教，也就平添了至上的权威。执教期间，他和也是"英美文学"博士挂身的朱立民先生联袂合拍，一为系主任，一为文学院长，对暮气沉沉的台大外文系从事大刀阔斧的改造。首任系主任英千里，虽然英文一流（按钱锺书有言："蒋介石曾说要找两个英文讲得最好的人给他当翻译，一个是我，一个就是英千里"），但处理起系务，则似乎无为而治。幸有夏济安在系执教，创办《文学杂志》，启蒙和培育了白先勇、王祯和、欧阳子、王文兴、陈若曦、郭松棻、叶维廉等现代文学的大家。这当是台大外文系辉煌的第一波，成就在于文学的创作。朱、颜二人所从事的第二波的改造，除了大幅刷新教学课程外，最令人瞩目、也是影响最大的，则在文学批评与文学研究。颜先生宛如胡适自美归来大力发扬杜威的"实验主义"一般，在台湾吹起战后兴盛的"新批评学派"的法螺，强调"文学文本"的自身生命和内在研究（包括作品的内在结构、语义文法分析）。这对习于外缘考察，人品先于文品，动辄大谈神韵意境而疏于思辨分析的传统文论，自然是一大冲击和挑战。他先后在十来种专书著中，锐气十足地宣扬他的文学理念和文学批评理论。六七十年代的台湾，文学理论贫瘠，文艺批评荒芜。颜先生的出现，可谓是一声狮吼，统领一代风骚。当然，他在文学批评的实践中，也有散漫离谱的时候，如把王融和李义山诗中的"蜡炬"过当地解读为"阳具"，遭来叶嘉莹的反批评和夏志清的"劝学"。乡土文学论战后，加上西方"结构主义"的文学批评理论引进台湾，颜先生的光环急遽淡出。尽管下场如此，颜先生当初开拓台湾的文学视野，与启发文学研究新思潮、新方法的巨大努力和建树，万不应因其晚年的政治立场而遭受台湾文学史的抹杀。

多年前，曾见到先生挚友王文兴的评点："四大不空的颜元叔"。在娇小玲珑的王老师眼中，颜先生处处是个"大"："身大、学大、略大、财大"。晚年中风前浑身是劲的颜先生，的确身材高大，威仪辐射，唯浓眉大脸，脑满肠肥，乃至于招来晚辈嘴里戏谑不敬的外号"屠夫"。"学大"，说的是颜先生的学问，除了过硬的学历外，中英文笔头俱佳。著述等身、才气纵横。特别是他火辣辣的中文，诚如王老师说的"兵雄马壮，字字铿锵"。王老师不讳言先生的"财大"（攒聚了不少财富），但归结为"一个字一个字爬格子赚来的血汗钱"。然而先生辛勤多产的笔耕，既有稿费在望，难免作品内伤。他的一些文章，读来确有毛泽东批评孙中山"骨头很少，水分很多"的弊端。仓促赶工的结果，也偶尔弄出纰漏。如错认杜甫追怀王昭君的《咏明妃》诗句，误"荆门"为"金门"、"朔漠"为"索漠"。结果惊动别有居心的监察院移文教育部，提醒"时下大学教授文理欠通，应谋改善"（还要"调查颜元叔配不配当大学教授"），其实，颜老师的格子爬得再多，教书的钟点费再高，也发不了"大财"的。"财大"之先，必有"略大"。先生的企业眼光和手段，在布衣学者中，实属罕见。其系主任任上，由新编《大一英文教本》到创刊《英文助读》，就为外文系创收不少财富，累得财务林小姐每天忙着收账立账。其后，他运用电子、电脑科技，主编社会上英语教学的字典、词典、文法、手册等各色工具书，广为销售，竟达二十四五种。总之，王老师评点颜先生的"四大"，固然不错，可惜少了颜先生最为可贵的"大气"。

　　颜先生青壮之年，自赴美留学至返台执教，在英美文化中打滚三十余年。手持英美"新批评"之刀，以夷变夏，拆解中国文学之肌体，连带批判乡土文学。到了晚年，则一反其道。在文化上，力斥"牛油蒙心"和"心灵被西方殖民的华人知识分子"；在政治上，大声疾呼"反西方民主！反西方自由！"他认为，"自由只会使中国涣散，民主只会使中国崩溃"，进而声称

"鲁迅骂中国,我颜某赞中国"。我不知先生这一拒斥"西方中心论"的立场,是否是刻意唱和萨依德(Edward Said)《东方主义》一书中的观点,或许只是不谋而合。其视美国为"邪恶帝国"的指控,也显然与毛泽东于建国之初、出兵朝鲜时期掀起的肃清"亲美,崇美,恐美"思想的运动无关。颜先生的反美、反西方是自发自觉的,是对师傅兼对自己的反叛。他说,"看我的背景。我应该是个亲美分子、亲西方分子,可是,恰恰相反,越了解美国,越了解西方,我就越反它们。相对的,我就越热爱中国。……亲西崇美的心态是最有伤害性"。故他推崇当时马来西亚的总理马哈蒂尔,称之为"西方教育出来反西方的有人格的东方知识分子"。颜先生的反美,是苏联解体、冷战结束后的新的反美。它是新冷战的反映,大有开启风气之先的势头,或许也激荡了九十年代"中国开始说不"的民族主义高涨情绪,特别是在当今一些"海归"精英的群体中。

  颜先生的矛盾组合,又体现在他的理性和感性。先生从事文学批评,讲究学术理性,爱争是非,不讲情面。既说不讲情面,却又看重哥儿义气。记得他写给澳洲国立大学的推荐函,由于我的本科成绩差劲,只能找其他的长处吹嘘,其中的一条,就是"讲义气"。还说"'i-chi'这个词,不好翻译,英文里没有对等概念",似乎是取笑洋人不懂义气。然而即便在情感层次,先生亦有两面。就近取譬来说,如我考研失利的事。考试之日,我在考场拾到了其他考生丢失的钢笔,交给主考官的颜先生。颜先生说:"留着自个用吧!考不上研究所,起码捡到一支笔哩!"这是颜先生尖酸刻薄的一面。但他对于我的同事李永平,则百般呵护。先是以伯乐之慧眼,鼓励李永平创作,继之给以工作之安排、生活之周济。先生虽然爱财,但更爱才。其培育人才、提携后进的为师之道,却又展现出温柔敦厚的一面。如以先生的文章而论,他自认"粗犷",毫不儒雅;下笔如刀,千军万马。然而就是这么一位虎背熊腰、高度"肉感"的颜先生,竟然也有灵气幽雅足堪媲美朱自清《荷塘月色》的柔情篇章。他的《荷塘风起》一文，成了中国大陆许多课堂里"美文欣赏"的教案。

颜先生自坦胸臆地说过："我是相信思想情感合一的，我的激动的情绪负载着我的道理、我的思想、我的推理。"然耶？不然耶？然也罢，不然也罢，有一条我是深信不疑的，那就是先生的真挚与坦荡。他的话、他的笔墨文章，不论如何偏激，如何骇人视听，全是心头的吐露，是不遮不掩、通体透明的爱与恨。他多次说过，他最痛恨虚伪。大约正因不说假话，不屑逢迎，乃至仗义敢言，往往讨嫌开罪于人，他的"学官"履历，也就止于系主任。其实，以颜先生的学术成就，当个文学院长、大学校长之类，完全是游刃有余的。右也好，左也好，他并非软媚乡愿，也绝非政治与权贵的工具。反之，由于他的耿直孤高、动辄弹射纠发，他只能是孽子、是孤臣。

颜先生还自道"（他的）这一代中国人是追求'家'的人"。他先是追到了台湾这个"家"，其后移情别恋，精卫跨海，选择了他认为"炼狱经过火浴，能够升入天堂"的中国大陆，购建他的夏树庄园，完成了奥德修斯流荡望乡的最后归程。如今，"颜庄主"离别"烟火人间"，真的登入了天堂，我私忖，回首一生他应当是心满意足的。若说遗憾的话，则是世人对于他的淡忘与冷感。在我看来。他不当沦为历史的尘埃；世人不当如此冷感与淡忘。人们尽可非议他的政治理念，不当无视于他的学术业绩；尽可不认同他偏颇的言说，不当无感于他如"精卫、刑天"般的精神。一个特立独行的学人，一条血性多情的汉子，毕竟是值得人们怀念的。

——写于澳大利亚，墨尔本
2013年1月27日颜元叔辞世公祭前夕

（原载台湾《印刻文学生活志》2013年3月号，本文有删节。作者系澳大利亚莫纳什大学中国研究系主任、教授）

逝水年华

——忆颜元叔老师

宋美骅

颜老师三个字在20世纪60年代末台大外文系学生的心中象征"权威"和"距离感"。那一年我大三，上的是必修重课"英史二"。在台大外文系的头两年懵懂摸索在西洋文化和文学的浩瀚汪洋中，常想象自己有如置身希腊爱琴海，望向奥林帕斯山顶那遥不可及的神祇，迷惑于仙人那难以捉摸却又轻易摆布人间英雄美女的贪嗔痴怨。英千里教授遽逝，颜老师接任系主任，励精图治，要把台大外文系提升至国际水准。现任系主任欣荣学弟有语：颜老师是台大外文系"现代化"的推手，斯言不假。随着现代化而来的便是对纪律和成效的高度追求。于是：英史教科书换成 Norton Anthology，教学内容倍增，考试题目兼有 ID（考记忆作者、作品名称）和问答题（考深度理解）。课堂上，颜老师以自定的奔速，毫无冷场、从不停伫等候理解力如步行般的同学，一堂课可以精辟地讲解10首短诗或等量的散文。听他的课收获很多，但是课前得先查字典，期中考试得预留两个礼拜温书，天天晚上在图书馆昏黄的灯光下一遍又一遍地努力读懂 Norton 原文书中的英国文学大师。期末考更令人紧张，但因整个学期已有磨炼，反而痛苦的记忆已不甚清晰了。

大三那年就在苦乐参半的心情中送走了懵懂，升大四的我也在外国文学的求知路上依稀看到了一些路标。这年与系主任颜老师的交集不多，每个大四生都多少感染毕业恐慌症，我也不例外。那年初夏半推半就地参加硕士班入学考，幸运录取。第一年在校外兼职的忙碌中度过，与颜老师见面机会仍然不多。硕二那年蒙颜老师录用，担任系办助教，方才开始与他有了较近距离的互动。当助教两年半的时间里，天天在固定位置坐定上班，几乎天天见到颜老师跨进文学院右侧的外文系办，"距离感"虽消除许多，但是他的"权威"却未尝稍减。

我进台大外文系学号头两个字是56，说明是1967年新生。五年后读硕二，兼任助教。那个时代当助教，年资并入退休基数计算，我和几位师兄算是幸运的一群。在两年半的研究生兼助教期间（或有一说是助教兼研究生，因为虽具双重身份，心力的投入程度助教远远大于研究生），被分派负责全校大一英文教务（和业务），责任包括排课、联系教师，安排全校统一举行的期末考，另外暑期编辑大一英文教科书。当年颜老师虽是英美文学博士，主授外文系重课英国文学和文学批评，但是台大外文系负责"全国"最优秀学生的大一英文教学，他是满怀理想的。记得那些年，外文系学生另有课本，是进口的读本，课文内容全是文学性质，课后作业也是初阶的文学诠释方法学。全校其他科系的新生则使用外文系主编的《大一英文读本》，内容分人文、社会科学、自然科学等类，许多选文取自国际知名杂志，例如《TIME》，选文由系中教师以中英文注解文意、解析文法。如今想来，当年英语教学的学门尚未在台湾的外文学系里另立门户，颜老师这种创新做法走的隐隐然就是"特殊目的英语教学"（ESP）的路子，立意可说走在时代之前。

记得连续两年暑假为了编《大一英文读本》，非但无假可放，反而经常加班，校对文稿，开学前得印刷出书，让秋天入学的大一新生有教科书可用。叙述这段往事，追记颜老师的创举，也怀想当年的自己，在校对和跑印刷厂的暑天中磨炼耐心和细心。当年校对曾有失误，书出来了才发现，颜老师未加责怪，只嘱做出一份勘误表,心中的愧疚至今仍在。我后来常被学生或办公室部属问到,为何校对眼力甚好,我总告以年轻时养成的。如今臂力不差,也得力当年搬运那一摞摞的印刷厂送到校园的《大一英文读本》。

在台大外文系的助教岁月是一段多方位的学徒生涯。《大一英文读本》在校内贩售,收益用来滋养学术研讨会,开办赔钱的《中外文学》。另外,当年外文系的"企业"还包括"英语进修班",对外招生,夜间和周末上课,社会大众趋之若鹜。《英文报章杂志助读》(简称《助读》)一个月出版一期,选文注解生字和文法,订户踊跃。这些小企业形态的英语教学活动都靠系里助教这支主力部队负责庶务。记得当年每逢进修班报名,周末到校加班和职员同事一起卷袖干活,想来余温犹存。《助读》经营约三年,在我升上讲师之后也升格当起主编,为时不长,却也学到一些市场行销的皮毛。回首来时路,自己在台大外文系的学徒时期,在颜老师的导引之下,虽在最高学府中,却一直未与社会脱钩,从纯学术角度看,或曾有人以不务正业视之,但是当时的一介年轻助教如我,虽觉身体劳苦,心智却也时受锻炼,学得林林总总的"入世"手则。

颜老师与朱立民老师两位志同道合,互相奥援。在《中外文学》之外也开创"国际比较文学会议",自70年代初至今,四年举办一次未曾间断,除了一次例外,全都在淡江举行。如此的学术盛会,参加者有欧美亚的国际汉学家(外籍和华裔皆有),以及"国内"中文系的学者。台大外文系和淡江英文系(原名西洋语文学系)的助教和年轻讲师结伴,协助庶务,准备议程、收集论文、安排大会场地餐饮、学者住宿等等。这是当年两校两系以及台湾高教界国际化的盛事。两位老师联手出击,在淡江大家长张建邦先生的鼎力支持下,会议和期刊的影响力持续三十年之久,一直到比较文学这个学门新陈代谢,不复当年的内容与方法学,转融入文化研究的大阵营。后来我转至淡江,谈到这段往事，总忍不住告诉年轻同事：台大外文和淡江英文有如双胞胎，课程和教学理念，甚至学术活动，皆系出同门。

1977年秋我去美国读书，开始另一段学习进程，四年后回系服务，与颜老师虽时有见面，但外文系的氛围已变，已经是所谓"后朱颜（老师）"时代了。颜老师转向校外延续他的英教理念，平常无暇参与系务。他也埋首撰写《英国文学史》，出版上册，写到文艺复兴时期，书中对英国文学的基督教正统思维颇有微词，预兆了他日后向某个政治意符倾斜。犹记彼时他初任系主任，在不批公文的空当，就在内间主任办公室踱步，或坐桌前朗声诵读弥尔顿的《失乐园》。这一部清教徒的史诗中最能引他认同的就是撒旦一角。他日后反西方基督教，犹如撒旦向上帝挑战。他相信自己的评断，不论是非对错，他走自己的路。

日易星移，岁月洗筛所有凡人的青春。那几年间，颜老师去太湖，在水边筑居，在"呆坐亭"冥想。我自己也东奔西跑，两度离台，不久后提早退休，去到淡江（再续朱、颜两位老师的前缘），现在又是另一番缘遇。颜老师中风之后深居简出。有一年，他难得同意与老学生见面。因为他来，我也参加了。下午的聚会，人数不多。他如往常般威严不多言，但比年轻时少了分急切。临别时他说了句怀旧的话，顿时令我分不清今昔，仿佛又置身宽阔校园中那幢古旧的文学院右侧外文系的办公室，听着"颜公"对我们耳提面命。但是，岁月毕竟还是用小跑步前行。

在时间的隧道中，在一个称作台大外文系的小角落，颜老师和众人相遇。四十年如瞬间。当年在隧道里，隐约看到尽头有光。如今，颜老师已经在那光里。

（原载台湾《中外文学》42卷第1期，作者系台湾淡江大学外语学院院长、教授）

您放心走吧！

——怀念颜元叔先生

阳卫国

年前的 12 月 27 日晚上，我手机上收到一条短信："我父亲于昨日病逝于台北台大医院，享寿八十。所有家人均在床侧陪伴，安详辞世。"

发信人是台湾著名学者颜元叔先生的三子颜学恒。虽然就是在大半年前，我还在株洲与专程从台湾赶回茶陵扫墓的颜元叔先生见了一面，那时已经得知颜先生检查出了癌症病情，可是，我还是没有想到，这么快他就走了，如此匆忙永远离开了这个世界。略加思索，我在手机上给颜学恒先生回复了一段文字——

惊悉颜元叔先生不幸仙逝，不胜悲痛。颜先生一生热爱国家，献身学术，道德文章，堪称楷模。颜先生生前关心家乡，热心公益，深受乡亲爱戴。谨以个人名义深致哀悼，望先生家人节哀顺变，善自珍重。

颜元叔先生的精神与事业将千古不朽！

我最早知道颜元叔先生的名字，还是在上个世纪的"八九风波"之后，那时我是一名大学三年级的学生。当时《参考消息》等报刊转载了颜先生的《向建设中国的亿万同胞致敬》等文章，在一片制裁中国的反华喧嚣里，颜先生以极大的勇气，所喊出的振聋发聩的爱国声音，给了我强烈的震撼，也深刻影响到了我后来的一些思想和观念。

2003年初,我来到茶陵县担任县委书记。刚报到不久,有一天,县委统战部部长告诉我,有位颜元叔先生从台湾回到了茶陵的老家尧水乡水头村,问我是不是有时间陪他吃个饭。在此之前,我并不知道颜先生是茶陵人。我当即决定,我不仅要正式宴请他,还要亲自到水头村颜家登门拜访。

在宴席上,我问了颜先生一个问题:"从您的家庭和经历看,您的父亲是国民党的中将,您自己是在美国读的硕士和博士,并且还几度在美国任教。可以说,您接受的是全面的西式教育。很多人可能不理解,您为什么会这样旗帜鲜明主张国家的统一,强烈反对外国势力干涉中国?"让我没有料到的是,听到我的问话,颜先生的情绪几乎不能自制,全身颤动,眼泪双流,声音哽咽。"我十来岁的时候,日本人一路烧杀到了茶陵。为了逃命,我的母亲把我带到深山之中躲藏了好几个月。我亲身体会到了当亡国奴的屈辱,亲眼看见了国家的积贫积弱给人民带来的灾难。今天这个世界上,再也没有人敢像当年日本人那样欺负中国了,中国人真正站起来了。谁能让中国强大,谁能让中国统一,我就坚决拥护谁!"颜先生说完这番话时,一桌人都停住了手中的筷子,沉浸在无言的感动之中。

颜先生回到台湾之后不久,通过传真给我发来一封手写的长信。那时颜先生已经有过一次中风,不能正常握笔写字,字迹显得甚为吃力。信中颜先生讲述了自己不同寻常的人生历程,特别回顾了自己政治思想理念上所经历的转变。末了,他还郑重提出了一个请求。颜先生对自己童年时候生活过的故乡水头村怀有深厚的感情,曾在台湾出版过一部散文集《五十回首:水头村的童年》。两岸人员来往开放后,颜先生对水头村的公益建设十分热心,从自己并不丰厚的退休金中拿出大笔资金,帮助村里架桥修路。但颜先生自己的积蓄毕竟有限,而水头村连接乡道的水泥路还有几百米尚未修好。颜先生希望能在政府的支持下,修好未完工的这一段路,了结他造福乡梓的一桩心愿。

几天过后，我自己带着县交通局长以及尧水乡的负责人，到水头村察看了现场，对修路资金、施工要求及完工期限进行了安排和布置。很快，路就修好了。消息传到台湾，颜先生非常高兴，发来一份传真，兴奋和感激之情溢于纸上。

这年秋天，颜先生又带着家人回到茶陵。他坚持要办的第一件事，就是自己掏钱，在县城摆了两桌酒席，感谢在修路过程中做出贡献的相关人士。席间，颜先生当众赠送给我两件从台湾带来的礼物。一件是他毕生研究西洋文学的心血之作——四大精装巨册《莎士比亚通论》；另一件是一面锦旗，上书两行大字：政府筑路，村民享福。这两件礼物，对我来说，都具有特殊的意义。作为一名中文系的毕业生，文学曾经是我的热爱和梦想，莎士比亚则是世界文学史上一座巍峨的高峰。作为一名从省委机关来到基层、担任县委书记时间还不长的领导干部，得到来自民间和乡亲的肯定，无疑是最为珍贵的褒奖。虽然这面锦旗后来从未当众展示过，但我一直精心收藏到了今天。

后来颜元叔先生每年都要回茶陵一至两次，几乎每次我们都会见上一面。其间我还率团去过一次台湾，受到了颜先生热情的款待。尽管从年龄上颜先生完全算得上是我的父辈，我们的人生经历也迥然不同，颜先生的学问更是让我高山仰止，但只要我与颜先生在一起，从世界大势到国家发展，从中外文学到人生感悟，总是有谈不完的话题。在这么长时间的交往中，对我而言，颜先生既是长辈，又是老师，也是朋友，用颜先生话来说，我和他是"贵于知心知思"的忘年之交。

颜先生身上，有太多令我景仰的品质，比如渊博的知识、深厚的学养、坦荡的性格、坚强的信念，等等。而最让我感动的，是他对国家、对民族的一腔热血和赤诚。他的这种情怀和立场，在台湾的政治大气候下，往往不被理解，甚至还要遭到攻讦和敌视。颜先生的辞世，也没有得到世人足够的重视和关注，但我相信，他毕生的追求将会写入历史。在当代散文史上，在比较文学研究史上,在莎士比亚研究史上,在辞典编纂史和翻译史上,颜元叔先生都会有自己的一席之地。尤其是后人在回顾祖国统一大业进程的时候,一定会有关于颜元叔先生的浓墨重彩的一笔。而家乡的人们,更一定会永远怀念和铭记这位一辈子热爱国家、眷恋故土的茶陵人。

颜元叔先生曾在许多场合提及过他在65岁生日时所写的一首小诗:"好歹再活二十年,争取残喘留此生。只待经济中胜美,哈哈大笑可长眠。"他也曾多次与我说起,他这一生最大的愿望,就是能够看到中华民族重新回到世界之巅的那一天。可惜,病魔无情,颜先生终究没能再多活五年,也没有能够看到中国经济规模超过美国的那一天。但是,今天全世界都看到了,中华民族伟大复兴的脚步,任何力量已经无法阻挡。

颜先生,您放心走吧!我们会努力,所有的中国人都会努力。您所盼望的那一天,一定会来到!

本文作者在颜元叔生前的台大办公室留影

(原载2013年4月1日《株洲日报》,作者系中共株洲市委副书记)

别出心裁的颜元叔

古远清

知无不言常常会"逆火"

台湾大学外文系主任颜元叔是把台湾文学引进学院研究的第一人。当年有许多文朋诗友拿着作品排队登门向他求教,其中一位身穿牛仔服的青年诗人说:"颜教授,请你知无不言,言无不尽,给我最坦诚的批评。"颜元叔虽是胸无城府之人,但也深谙"老婆是人家的好,文章是自己的好"这句古训,所以他在书斋之中也只好玩弄起外交辞令:"阁下年轻有为,前途无量,作品很有可读性,虽然略有瑕疵,但就像莎士比亚这样的作家也写错过文法,鲁迅还写过错别字,故总的说来大作是瑕不掩瑜,仍不失为一篇好作品。"这位年轻人听后立马双手叉腰,眉毛一竖:"你这位被洛夫骂为从陋巷中走出来的评论家,倚老卖老影射我文理不通,错字连篇,离莎士比亚、鲁迅的水平相差十万八千里!老实告诉你,我仔细读过你的散文《台北狂想曲》,还不是文笔简陋,到处瑕疵,硬伤累累,你那配做台湾'十大散文家'!"颜元叔连忙说:"息怒,息怒,老弟。是你要求我知无不言,我没有要你言无不尽……"在后来写的《知无不言》中,颜元叔感叹:"知无不言,言无不尽,常常会'逆火'——就是一开枪,子弹还没有打着敌人,弹壳倒打上自己的右眼。"

令人生厌的谢师宴

台北一家最豪华的饭店同时有两场谢师宴。当颜元叔看到台湾师大的谢师宴早已吃完互相道别，台湾大学某系的谢师宴系主任的临别赠言却似飞流直下三千尺锐不可当："即将告别母校母系的同学们以及各位女士们、先生们、同胞们、来宾们，还有尊敬的校领导系领导：在这里，我代表全系教师衷心感谢毕业班的104位同学在四年求学期间，交了8学期学杂费，使我四年的薪水分毫不差。但我要郑重申明，我的工薪是按国家标准统一发放的，你们的学杂费多余部分是否流向灰色甚至黑色地带，本人概不知情。这四年来，你们也许会感慨书到用时方恨少，但这只能怪你们上课时逃学，下课时上网或拍拖。如果你们怪老师水平不高，可谁叫你们填志愿时不填水平更高的学校呢——不过，除了我们台湾大学，你们在台湾又哪里能找到这样高学历的系主任和老师呢？你们也不必后悔，毕业后你们如果不考研，可以上另一所社会大学，在那里再好好学习……"正当这位舌灿莲花的系主任即将讲到"毕业后常回家看看，回系走走，保持联络，友谊长青，我的手机号是——"时，历来主张谢师何必宴的颜元叔快步走上前去，断然抢下他的话筒："教书这种行业，坏处在于误人子弟，在于好人为师，在于毕业谢师宴上，一席话叮咛下来，把热菜讲冷，把肚皮讲瘪……"

"破费"与"赏光"

一家出版社见颜元叔善用幽默嘲讽笔调描述市井百态，在两岸三地拥有众多粉丝，便约他出书，合同签订在台北重庆南路的一家西餐厅进行。主人客气地拿起精装如结婚证书之菜单，要颜元叔自选。颜元叔连呼"破费破费"，主人穷嚷"赏光赏光"。

颜氏一看最贵的神户牛排要数千元，作为"赏光"的客人自然不能点最高档的菜，以免对方误解为好似要报版税之低的一箭之仇。

正当主人生怕颜氏这匹"疯子"真的叫一盘神户牛排时，抢先给自己点了最便宜的色拉。颜氏自知这是暗示你也得客随主便，便合上菜谱勉强说了一句："好吧，我也色拉。"主人本是文化界有名的葛朗台，一向请客只吃快餐之类的货色，绝不会让来宾掉入神户牛排、意大利牛排、新西兰菲力牛排的"牛群"之中。

在这个牛年的美好周末，拘谨的颜元叔在这场所谓宴请中只消费了简单的糕点、色拉外加一杯咖啡，而不似另一场老友的中餐宴请：殷勤的主人露出如向日葵式的迎人笑靥，把一盘之内的烧鸡之臂、烤鸭之臂，全部空运至客人盘内，那顿中餐吃得真是何等有滋有味啊。

可这回在西餐厅，颜氏被女侍误以为主人的司机还是次要的，更重要的是得赶紧回家泡方便面补课。

教授与小偷

颜元叔教授提着一个色泽油油发亮，好似刚擦过的皮鞋的密码箱，从台湾大学外文系办公室走了出来。当他来到罗斯福路的一个狭窄的矮屋时，突然窜出身高一米八的小偷抢夺他的手提物，颜元叔连忙说："我的密码箱装的全是学生试卷，不是美钞，万勿误会。"随即开箱给年轻人看，高个子一听这声音好熟悉，原来是教过他英美文学的颜老师，便跪下坦白说："我毕业后长期找不到工作，妻子又卧床多年，请老师赦罪！"颜元叔怎么也想不起这学生，原来自己老是将试卷改来改去，以至眼睛由平视改成近视，近视改成远视，远视改成老花。头脑未见得越来越智慧，眼光是越来越朦胧了。作为教书匠，自己在黑板上用粉笔把生命磨成细粉,落英缤纷坠散在木槽里,而后被工友扫进了垃圾箱。为了不使这位学生被警察扫进垃圾箱,颜元叔当场把自己身上带的五千台币送他,并祝他的妻子早日康复。

"蜡炬成灰"系写男性阳器

颜元叔留洋归来后,用西方文论解释古诗。他认为王融的两首乐府诗《自君之出矣》之一"金炉香不燃;思君如明烛","金炉"、"明烛"有性影射:"明烛"系男性象征,"金炉"形状颇似女人下体,故可视为女性象征。

唐朝人李益《江南曲》的"早知潮有信,嫁于弄潮儿"的"信",颜氏认为系"性"的谐音;前面写的"嫁得瞿塘贾"之"贾",发音为"鼓",有大腹便便的味况。

别出心裁的颜元叔还认为李商隐的名句"春蚕到死丝方尽,蜡炬成灰泪始干"的"蜡炬"系男性的阳器。理由是:在西洋文学中,蜡烛是一种常用的男性象征。中国古典文学虽然无男性象征之类的说法,但李商隐与弗洛伊德毕竟"心有灵犀一点通"啊。

(原载《百味文坛》,青岛出版社2013年版,作者系中南财经政法大学教授、湖北省作协理事)

斯人已去 浩气长存

——追忆颜元叔老先生

姜衡湘

2012年12月27日晚上,接到颜元叔教授病逝的信息,很是意外,深感痛心。颜老先生堪称治学楷模、爱国典范,其品格操守和精神气质值得世人广为颂扬;颜老先生于我而言,可谓谆谆良师,其音容笑貌和言传身教清晰铭刻脑海之中。

在大陆,我应该是很早一个和颜老长期接触的国家公职人员。早在2001年的初夏,我当时在颜老的家乡——茶陵县尧水乡任党委书记。一天中午,办公室秘书递给我一份来自台湾的传真件,文章满满一页大约500多字,可以明显看出字很有功力,但书者的手颤抖严重。文章大意是:"我叫颜元叔,是尧水水头村人(解放后成为泉山村两个行政组),系颜道鹏长子,台湾大学外文系的教授,台湾统一联盟首席顾问。早些时间中风病在床上,有生之年很想回来看看家乡的山山水水,希望家乡政府能玉成此事,如不能成行,必将在海峡两岸掀起风波。"颜元叔这个名字我不熟,但他的父亲颜道鹏我很了解,颜道鹏先生是黄埔一期生,曾任黄埔军校政治教官,国民党参谋部长办公室中将秘书长,台湾"内政部"部长。将军之子回乡省亲我当然欢迎,但是电文中"如不能成行,必将在海峡两岸掀起风波"让我疑惑。当天晚上我赶到县政协调阅了文史资料,对颜元叔老先生的学术成就和爱国之心有了初步了解。第二天,就向颜老发出邀请。

同年的仲秋，泉山村的支部书记忽然陪同颜老来到乡政府。当时，颜老年已七十，拄着拐杖搀扶而行。随后的几天，我用乡政府的北京吉普车陪颜老走亲访友。五十年未见，乡亲们对颜老极为热情，吃饭、喝芝麻茶、聊家常是这几天的全部。虽然身体不好、行程很累，但颜老硬扛着，很开心，很幸福。在餐桌上，颜老最喜欢吃家乡的柴火腊肉，每次上桌都大快朵颐，直吃得嘴角流油，满口喷香。老乡考虑腊肉会影响病情，适时阻挡，颜老都说："我在台湾几十年，最想念家乡的亲人，最想吃家乡的柴火腊肉，腊肉虽然对中风病人是大忌，但你们让我了了心愿，每次就吃两块，只吃两块。"说完哈哈大笑，满脸童真。出于对颜老的尊敬，每次去亲戚家我都扶着他上下车辆，临去台湾前一天下午，颜老对我谈了台湾民情，他说他是极力主张台湾统一的，是台独分子眼中的统派大将和统派先锋，也是这些人的眼中钉、肉中刺；现在陈水扁上台，求统声音式微，他很难过；这次他中风，有些人幸灾乐祸，如果他这次回乡不能成行，某些人又会大放厥词。颜老还说，这次回乡他很欣慰，大陆发展很快，家乡变化很大，家乡人民很盛情，他要把这些告诉某些人，以后每年他都要回一次家乡，让某些人看看。一席话让我疑惑顿消，同时让我更加钦佩他。以后，颜老果然每年回家一次小住数日，并在老家建了一栋别墅。别墅不大，背靠大山，前面是尧水河和大片农田，旁边还有颜老挖的小水塘，塘里有鱼有虾，远处是炊烟袅袅的村庄，这幅怡然自乐的美景在他的散文集《人间烟火》中都有描述。这十多年，颜老把儿子、媳妇、亲家、堂兄、堂侄都先后带回来了，让众人一起分享他"把酒话桑麻，听取蛙声一片"的喜悦之情。这段时间，颜老是幸福的，快乐的。我很欣慰，家乡的山山水水，家乡的父老乡亲能给他带来这份幸福和快乐。

颜老特别关心家乡建设，他捐款修建了水头村的道路、桥梁和颜氏宗祠，向尧水中学捐献了大批图书，并出资整修尧水中学的校舍，捐助贫困学生。尤其让我感动的是，当乡亲们来看望他时，他总是说："乡亲们要遵纪守法，要拥护共产党，只有共产党才能建设好中国；颜氏后人要用功读书，谁家孩子上学有困难，我可以出资。"在他的带动下，他的姐夫刘章成先生九十多岁还回到陌生的祖籍地——水头隔壁的花木村，捐五万美金新修道路，同时还资助贫困学生。

2010年，市委统战部主办的《诤友》杂志委托我向颜老征稿，颜老躺在病床上颤抖着写下了《返乡印象》，同时还赠送了我两本亲笔签名的《人间烟火》，字里行间透出对家乡浓浓的眷恋，文章的结尾他引用了自己六十五岁生日时的佳作，抒发对祖国的挚爱之情："好歹再活二十年，留待残喘为此生，只盼经济中超美，哈哈大笑可长眠。"2012年颜老回乡，我自己在附二的病床上，遵医嘱关了手机，不知他回来，未曾见面。没想坚持了十多年，而独缺这最后一见，今天想起还唏嘘不已。

颜老不仅是学术大家，更是一位伟大的爱国者，他生于国民党将军家庭，成长于台湾，求学于英美名校，但他对家乡、对祖国的热爱之情堪称当今楷模、典范。再过十多天就是清明节，届时颜老的亲属和旅台茶陵同乡及台湾学界同仁将护送颜老的骨灰安厝家乡，和早几年他从台湾迁回的父母的坟冢相伴。魂归故里是颜老的遗愿，这一遗愿小是对家乡的眷恋，大是对国家民族的认同。于生于死，颜老都是一个有血性的智者，一个大写的"中国人"，他去了，但他的品德长存，精神长存！

（原载2013年4月2日株洲新闻网，作者系茶陵县政协主席）

聆听着生命落幕的声音

曾湘文

我再三端详着这张照片,又一次想到的是,男人长得怎么样其实并不重要,他只需从眉眼里透射出一股力量,便会有很强的气场。

这是颜元叔先生的遗照。浓眉下,双目瞻瞻,是那么笃定的眼神!遗照的底端,标注着:1933—2012,黑色的数字虽然很小,却挟带着年代的分量,给人一种强烈的袭击感。

点击搜索引擎,颜元叔先生的词条真是花开满径啊——美国威斯康辛大学英美文学博士,台湾大学教授,英语教育家,文艺评论家,散文家……

以前,我们见了颜元叔先生,习惯称颜教授。他将自己的职业生涯,几近完整地许给了台湾大学外文系。发动课程改革;创办比较文学博士班;讲授"英国文学史"、"比较文学"、"比较诗歌";编撰《西洋文学辞典》、《万人通用英汉辞典》、《英文文法手册》……从青春飞扬,到须发尽白,他的名字渐渐地成了台湾大学的一部分。

那一年,我们寻访台湾,顺脚路过台大,恍惚听见校园里悠长的钟声,想来,应该是"傅钟"吧,听说那钟上还铸着老校长傅斯年拟定的校训……要知道,历史的切片,明里暗里都牵扯了政治的是非,我们踟蹰了一阵子,将行且止,最终没有牵着钟声走进校园。

在台湾的日子里,我们与颜教授有一段温暖的际遇。他以老乡的名义宴请我们,因为我们旅行团的领队,来自他的故乡,是他很看重的一位朋友。

颜教授挑了老牌的彭园湘菜馆。原来,它是极有来历的,掌门人姓彭,他的老祖宗,跟随中华民国行政院院长谭延闿,做了大半辈子家厨,高名彭长贵。

我们围席而坐,颜太太细致的摆好了青瓷酒盅,殷殷斟满,轮到了夫君,她温婉地问,你也来一小杯?颜教授开怀地笑,哪能一小杯呢?敬老乡,一大杯!

干了杯,喝了酒,乡音溅起,热烈的话题自然绕不过两岸关系。颜教授是那种气度沉稳的人,言语不多,一张口却是定海神针。他说,我们的故乡,在中国的版图上,那是我们血液的源头,两岸同胞,血浓于水!

颜教授的故乡是茶陵水头村。

村里,耸着古风昂昂的颜家祠堂。门匾上,厚重的"颜"字,怎么看怎么亲,四季的风躲在门匾的背后,只消轻微一动,便抖落几世的风尘。伢崽子踩着钟点去祠堂发蒙,颜教授也是。

诵读间,岁月流转。1948 年,命运衔着他,穿过汹涌的战火硝烟,从茶陵到了南京,又从南京到了台湾。那一年,他十四岁。

从此,还乡的路,坎坎坷坷入了梦,梦也迢迢……

就这样认识了颜教授。那个晚上,在彭园,一厢柔和的橘色灯光包裹的乡情,宛如琥珀中的生命,珍藏了下来。

近几年,颜教授时常还

作者与颜元叔夫妇合影

乡，我们每每看望，会真切地问一声好。

在乡下，颜教授没有什么亲属了。老屋空荡荡的，青苔暗长，他舍不得拆掉。在他的意识里，老屋是一个靠得住的凭证，证明村子里，还有他的家。青山在屋上，绿水在屋下，自己就是那个在山水之外执着的想家的人！

最后一次看望颜教授，是在去年的初夏。

那日，他拄着拐杖拖着腿走路的样子，让我们在心里吃了一惊。颜太太轻声告诉我们，他中了风，还摔伤了腿，至今没有痊愈，却急着回乡祭拜父母。

父母是在台湾终老的。他们活着的时候，说过一句让他痛不欲生的话：纵然剩下的只是一把骨灰，也不要忘了，携我们还乡！

等到天开一线，颜教授已经苍苍古稀。他一秒钟也不敢耽搁，卜昼卜夜地赶路，山一程水一程，曲曲折折地将冷了的骨灰，从台湾捧到茶陵，葬在老屋后面的山坡上，涕泪满衫……

颜教授说，我死后，就埋在父母的脚下。我们听了，有一些不安，不知道如何回应才好。而颜太太，很及时地给他换了一杯热茶，用女人温存的智慧，岔开了伤感的话题。

我就势拿出两本书，请颜教授签名。一本是湖南文艺出版社的《台湾散文选萃》，另一本是中国友谊出版公司的《八十年代台湾散文选》。我翻动书页，找到他的文章——《懒猫百态》和《成就与舒适》，他风轻云淡地哦了一声，在标题的旁边，留下了浑朴的字迹：颜元叔 2012/5/6

颜教授擅长写一些随性的散文，结集出版了《烟火人间》、《水头村的童年》、《飘失的翠羽》、《草木深》、《笑与啸》、《平庸的梦》……在台湾文坛上，显山露水，形成一道风景。

可知，骨子里颜教授还是有专长的学者，他热衷于文学理论研究，不断杀青的学术著作，比如浩浩四卷的《莎士比亚通论》，一经出手，往往引动视听。

拨指算来，颜教授大作林林总总少说也有七八十部。他坐在我们之间，听见嘤嘤咛咛的赞叹，不怎么开口，平静地喝着自己的茶。可不，交往了这么多年，他从来不向我们夸耀自己的成就，一句也不。我们盼望他的全集早日问世，他淡然一笑，我已经厕身于历史矣！

相会不过两三个小时，聚也匆匆，散也匆匆，是说再见的时候了，我们有些不舍，颜教授慢慢起身，说，得空，我还会回来。

辞别颜教授以后，有几天我一直在读齐邦媛的传记《巨流河》，微妙的笔调，一如窗外的广玉兰，可以很家常，也可以很高远，在过往的人生中，散逸着清雅的香，令人微醺。

巧合的是，齐邦媛也是台湾大学外文系的教授，从年龄上推断，她和颜教授有一段共事的岁月。于是，在从头到尾的阅读中，我不止一次地期待：下次，见了颜教授，且听他聊聊齐邦媛……

问题是，生命的密码，无人破译得了。谁想到呢，仅仅隔了几个月，颜教授因病溘然长逝。我们期待的下次，再也不会来了！

今年清明，颜教授归葬茶陵。乡亲们约定好了去村口迎他。他来来回回给家乡做过不少的善事，修路、建桥、抚恤孤寡……乡亲们缅怀他，说他是有功德的人。

漂泊天涯的老人，终于永远地皈依故乡了。这是他一辈子铭心刻骨的故乡，捶胸顿足的故乡，一往情深眷顾的故乡！

骨灰沙沙洒落在厚实的土地上，我们聆听着生命落幕的声音，心里有一种说不出的沉重。

（原载2013年4月2日株洲新闻网，作者系湖南省作协会员，原株洲日报社副社长）

颜元叔教授印象

尹习勤

初夏，颜元叔教授跨过海峡，又回到千里之外的故乡——茶陵尧水水头村。

三年前摔跤跌断大腿骨后，79岁的老人，行动变得十分不便了，抬腿上楼，已很艰难。这没有阻止住他回乡的脚步，他拄着拐杖，带着家人又回来了。

故园前小小的山头上，是父母永远的安息地。每年，他都要到坟前叩拜行礼，焚烧纸钱。今年，那小小的山坡，他爬不上去了。在故园的池塘前，他朝着父母的坟头，深深地鞠了九躬。遥望良久，泪眼蒙胧。

在尧水祭拜完祖坟，颜老与家人一起在株洲停留了半日。五月的阳光缓缓洒下，颜老在这里第一个要见的，是市委副书记阳卫国。曾经在茶陵担任过县委书记的阳卫国，与颜老是多年的朋友了。午餐上，阳副书记很用心地点了藕节、淮山、蒿子粑粑……吃着这几道有浓郁家乡风味的菜和点心，颜老不停地说："真好，我闻到了家乡的味道。"听说国家十分重视文化建设，听说株洲每年都举办读书节，市民中的读书氛围很浓厚，颜老十分开心。看到株洲景色宜人、充满活力，他感到欣喜。他说，株洲现在是大都市了，美过台北。

作为一个学者，颜元叔在学术上建树颇丰。著有《文学的玄思》、《谈民族文学》、《莎士比亚通论》等十余部著作，编译了《西洋文学批评史》、《开天辟地：西洋文明的变迁》等译作。1958年，他赴美留学，获得了威斯康辛大学英国文学博士学位，曾在北密歇根大学教英文两年。因父亲生病，他回到了台湾，在台湾大学任教35年，直至65岁退休，担任过台湾大学外文系主任，任内成立了"比较文学博士班"，并大幅修改大学课程。颜元叔的散文自成一家，为台湾"十大散文家"之一，出版过《人间烟火》、《平庸的梦》、《五十回首》等散文13集。北大教授季羡林主编《百年美文》，颜文被收入两篇。颜笑说，他已厕身历史矣。

在株洲的聚会中，在台湾与颜老有过一面之交的曾湘文女士，特地带来了《台湾散文选萃》、《八十年代台湾散文选》，里面都收录了颜元叔的作品。湘文女士还有不少收有颜元叔作品的集子。她从中选了两本，请颜老签名。知道自己的作品在大陆被多家出版社出版，受到很多人的喜爱，颜老很高兴。中风后，颜老的右手抖动厉害，写字困难，他还是欣然提笔，慢慢地一笔一画地在书上写下了自己的名字。湘文女士笑着说："请您老签名，是很隆重的事情，一定要签下日子哦。"颜老乐呵呵地在名字后面又郑重地写下了"2012/5/6"，周围的人忍不住鼓起掌来。浓浓的乡情，让颜老倍感开心。话题转到"两岸的统一"的问题时，颜老一下子激动起来。他说，我是急统派，我天天盼着两岸统一。他说："今日中国追求统一是历史宿命，更是历史使命，一统中国必须完成。"他接着说："为了统一，要不惜使用武力。"说完，他把头转向记者，说，你写文章，一定要把这句话写出来。

颜元叔生在一个军人家庭，他的父亲是黄埔一期的学生，一生戎马生涯。1933年，颜元叔在南京出生。他目睹了外敌入侵，国家备受凌辱的惨境，饱受战乱之苦和分离之痛。家国剧变，两岸分离，他的双亲，至死未能回故乡……这是他的彻骨之痛。

颜元叔的童年时代，正是兵荒马乱、山河破碎的时候。父亲把他与母亲家人送回了水头村，他在这里度过了8年的时光。

家门前的那口池塘还在，当年，他常在这里捉草鱼、鲫鱼。夏天，他会跃入门前小河，像鱼儿一样在河里戏水。6岁那年，他进了家门口的颜家祠堂念小学，祠堂里的教书先生就是他的表哥刘超表姐银贞。那些读书的日子，阳光满心田……在颜元叔14岁那年，父亲从重庆回来了，把正在祖安中学读书的颜元叔和姐姐元仲带去了南京。

这一走，就是半个世纪。

在漫长的岁月里，颜元叔从大陆到台湾，从台湾到美国，从美国再回台湾，在大半个地球上数度往返，就是回不了海峡这边的家。再一次踏上故土时，当年意气风发的少年，已变成了两鬓斑白的老人。

他还记得，那是1988年的秋天。得知可以回乡的消息时，他怎么也压不住迸发而出的欢呼……从台湾转香港，再广州，再北上，几度辗转，他终于踏上了故土。池塘还在，故居还在，只是，在那年秋天离家的双亲，再也回不来了。

颜元叔说，在台湾，母亲天天都在念故乡。他的父母都活到了86岁的高寿，但还是没有能够等到回家的时刻。临终的母亲，只有一个心愿：生不能踏上故土，死后也一定要回来。

2003年，颜元叔从台湾捧回了双亲的骨灰，把他们葬在了故乡隔塘山的山坡上。

20多年来，身体好的时候，颜老都会回故乡。家乡的路不好走，他出钱修，家乡没有桥，他和姐姐元轩、元仲，妹妹元贞出钱建水泥拱桥……这次，为家乡建设的事情，他专门写了一个报告，递给了阳副书记。在水头村，他没有直属亲戚了，这里的人，对他比对亲人还亲。这次回乡，乡亲们又给他送来了鸡蛋、干鱼、豆腐乳……老人家一一收下，一一谢过。他说，这些，都是我的最爱，是天下最好的美食。

对故土，他有如海一般的深情。

"颜老，明年，您可还要回来哦。"在门口与颜老道别时，阳副书记深情地说。

"当然要回啊，一定会回的。"颜老微笑着说。

是啊，故乡是生命的根，走得再远，都是要回来的。颜老说，他死后要埋骨在父母脚下。

（原载2013年4月2日株洲新闻网，作者系《株洲日报》编辑）

家国情

游盟长　曾　倩

2012年12月26日，台湾岛文学批评界先驱、"十大散文家"、英语教育改革者颜元叔老先生因肝癌走了，享寿80岁。消息传来，一种难以言喻的伤感久久萦绕在我们的心头。时光荏苒，2010年5月，株洲法制频道《株洲人物》栏目组为颜元叔先生做了一期专访。颜老先生渊博的学识，亲切的笑容，幽默的谈吐，给栏目组全体人员留下深刻印象。尤其是他说完那句"中国不强大，我随时可以死掉"的话后那噙满热泪的眼眶，深深地触动着我们的心。一位背井离乡多年的游子，竟有着这般的赤子之心，让人肃然起敬。

颜元叔祖籍茶陵，1933年在南京出生。抗日战争时期回到家乡茶陵，为了躲避日军，他和家人曾长时间藏匿于深山中。这段特殊的经历给他的人生烙下深刻印记，他强烈地感受到"有国才有家"，爱国成为他这一生魂牵梦绕的主题，他说，五岁时当他在画刊上看到一帧图片，上书"日军侵我山海关"，心头惊痛，多年后想起依然热血沸腾、夜不能寐。

1958年颜元叔赴美留学，后在北密歇根大学任教。他曾自抒胸臆："看我的背景，应该是个亲美、亲西分子。可是恰恰相反，越了解美国，越了解西方，我就越反对它们，越发热爱中国。"

1989年后,以美国为首的国际敌对势力对中国实行制裁,反华之声不绝于耳。他在台湾挺身而出,发表了一系列充满爱国主义精神的檄文,被誉为"爱我中华的心声,壮我中华的呼唤"。

他在台湾《海峡评论》发表《向建设中国的亿万同胞致敬》,疾呼"把中国建设起来——这才是爱中国!"抨击那些不爱国的中国人。他在《中流》等杂志发表了《盘古龙之再临》、《中国的希望在你们身上》等思辨与文采俱佳的作品,在海内外产生了强烈的反响。

根据对世界史和中国史研究所得,他称颂中国共产党领导中国人民取得了赶走帝国主义、统一中国、提升国力、提高人民生活等四大"惊天动地的成就",造成了华夏巨变——"从旧中国变到新中国"。

有学者称赞道:"说到国家大事、民族前途,则颜元叔真有精卫之坚韧、刑天之勇猛。"

颜元叔的文章风格也自成一家,那充满智慧和深情的笔触,依稀可以让人触摸到湖湘文化的血脉和茶陵士子的风骨。

1977年,颜元叔曾与琦君、王鼎钧等人并列台湾"十大散文家"。国内的大学课程曾选讲了他的文学佳作,《颜元叔散文选》在国内出版亦得到众人的追捧。

在杂文《我爱开会》中,颜元叔以戏谑的口吻大谈开会之"乐"——"可以免费享受冷气、点心,与久别的好友促膝私语,还可以一睹各位发言者可笑亦可叹的言谈举止,所议之事则不需你劳神费心,因为所有提案、决议都已事先定好……"这就是颜元叔式的讽喻,让人在大笑之余,感到那么一丝苦涩。

日常生活中的一切琐细,起居、饮食、出游等都是他笔下的内容。字句间透着骨子里的随性;若是说起世事纷杂来,信手拈来的幽默辛辣则让人拍案叫绝。在他看来,只有非常懂得生活的人,才能写出好的杂文。

访谈结束时,颜老说美国前总统克林顿曾预言,二十年内中国经济超越美国,世界居首,他随即赋诗一首:"好歹再活二十年,争取残喘留此间。只待经济中胜美,哈哈大笑可长眠。"

如今,斯人已去,音容犹在。我们想,假如有来生,他还会选择做一名中国人;假如能转世,他还会希望降生在这株洲这片热土,因为他对这片土地爱得深沉。

(原载 2013 年 4 月 2 日株洲新闻网,作者系株洲电视台记者)

评说

真正的爱国者

——读颜元叔诸先生文章感

魏 巍

最近《中流》杂志6月号上,以显著地位转载了三篇好文章。一篇是台湾大学外文系教授颜元叔先生的《向建设中国的亿万同胞致敬》;一篇是台湾著名作家陈映真先生的《寻找一个失去的视野》;还有一篇是暨南大学教授潘亚暾先生的《中华民族揭开了腾飞的历史》。《中流》编者说,这三位作者"胸中都跳动着一颗炽热的中国心"。确乎如此,只要你血管里还奔腾着中国人的血,你读了这样的文章就不能不怦然心动。

自从毛泽东同志向全世界庄严宣告"中国人民从此站立起来了"那一天起,实际上就是中华民族复兴大业的真正开端。四十几年来,中国人民在中国共产党的领导下取得了举世瞩目的伟大成就,凡是有良心的中国人,没有不承认的。即是敌人也不能不承认这一点。颜元叔先生说得好:"……40年来的中国,虽说走了一些弯路,但是除非是汉奸、除非是洋奴、除非是鲜廉寡耻的'烂香蕉'(这包括那众多的心灵被西方殖民的华人知识分子在内),才会说40年大陆还在原地踏步,甚至倒退……"他还一针见血地说:"打开天窗说亮话,中国的前途不在台湾(什么叫作'台湾经验'?可笑!),中国的前途不在港澳(殖民地岂是民族复兴基地!但大陆一民运人士竟然认为'中国被殖民才能现代化',疯子!不过他已自称'疯狗'!),不在海外华人,不在舔洋人后跟的学运民运小丑，中国的前途在中国大陆，在那 11 亿心含'鸦片战争'之耻，心含'八年抗战'之恨的中国人身上！他们衣衫褴褛地制造出原子弹、氢弹、中子弹，他们蹲茅坑却射出了长征火箭，他们以捏泥巴的双手举破世界纪录，他们磨破屁股包办 12 面亚运划船金牌，他们重建唐山而成联合国颁奖为世界模范市……同胞们，他们为的是什么？没有别的：他们爱此'中华'，他们不能让'中华'再陨落！"这话说得何等好、何等令人动情呵！在祖国的大地上，那些英勇献身的洒下成吨成吨汗水的创业者可以得到些许安慰了！

和颜元叔那种火辣辣的诗人性格不同，陈映真更近于理论家的冷静思维。他在举出极有说服力的论证后说："即使是对中共最苛评的经济学家，都不能不说中国的社会主义发挥了无法否认的成绩。"他对 40 年来的评价是："而即使有过 1958 年'三面红旗''大跃进'，1966 年的'文化大革命'那样重大的起落的转折，到 50 年代末，中共还是取得了这些不平凡的成绩：消灭了以财产为基础的不平等，在城乡内部缩小了不平等；快速而巨额地增加了累积和投资，使工业显著发展，打下了重工业发展的技术和总体经济的基础；消灭了外国资本对中国现代贸易、工业、金融和财政支配；农业生产率初步超过了人口增长率；工人阶级获至实质和精神上的解放，收入、社会地位及福利有巨大增长。"这些对中国社会进步所作的具体分析和公允的评价，比起那些只懂得从人均收入上看问题的浅薄之见，是多么的高明啊！

对中国人民建国以来所取得的这些伟大成就，在基本态度上，是承认它还是贬低它、否定它，这是一个重大的原则问题。这个问题最后势必归结到中国共产党还能不能领导中国的问题。回顾过去，在这个问题上不是没有教训。粉碎"四人帮"之后，由于大家对"左"害都有切肤之痛，集中一段时间批"左"，以便认真汲取教训，不再犯同类错误，是完全应该的，必要的。但是没有注意到，在长时期漫无节制的发展中，资产阶级自由化思潮乘隙而入，以批"左"的面貌出现，实际上攻击马克思主义最根本的东西，大肆兜售资本主义的货色，其势力越来越大，否定的东西愈来愈多，否定的时期愈来愈长，最后发展到公然对马列主义、毛泽东思想以及毛泽东本人进行诋毁和诬蔑；对建国以来的光辉历史大部否定或全面否定；给人的印象仿佛是共产党几乎没有做什么好事。其间虽然出现了十一届六中全会的决议，对错误思潮起了一定的抑制作用，但是从实际情况看，那些党内外的资产阶级自由化势力，对这个庄严的决议根本不放在眼里，在他们掌握的报刊上，依然继续兴风作浪。一些理论刊物是这样，一些文艺刊物也是这样。那些泛滥成灾的"伤痕文学"、"反思文学"、"集中营文学"，都渐渐发展成了对共产党、对社会主义的控诉。作品中出现的小小的支部书记，你都很难找到正面人物，把人民大众特别是知识分子都写成了社会主义制度下的受害者。试想，在这种作品包围下的青年人，怎么会不受到消极的影响，走向歧路呢？所谓的"三信危机"，和这种宣传不是没有关系的。

我们的宣传工作应当实事求是。尤其是涉及党的历史，更应该遵循历史唯物主义的科学态度，有多大成绩就讲多大成绩，有几分错误就讲几分错误。而我们往往为了突出现在的成绩，就把过去拼命贬低，甚至说得一无是处。其结果不仅否定了过去，也否定了现在，使整个党的形象受到损害。这是很失算的。

夸大错误，否定成绩，是资产阶级自由化分子破坏社会主义声誉的主要手段。他们多年来就想从这里打开缺口，以便推翻共产党的领导，达到全盘西化的目的。在其他社会主义国家中，他们的同类也莫不如此。（你千万不要以为这种手段不屑一顾，长时间的混淆黑白，就会搅乱人们的思想，最后导致悲惨的结局。这种活生生的列子，不是一个接一个地出现了吗？）而真正站在人民立场上的人，或站在民族利益立场上的人，对于党和人民取得的成绩，总是抱热情肯定的态度，对其决策中的或工作中的失误,也是比较容易理解和谅解的。因为社会主义事业是人类历史上前无古人的崭新事业,需要从没有路的地方踏出路来,其间就不可能不出现曲折和失误。我多次举过长江、黄河的例子。我说,天下黄河九十九道弯,长江也是千四百折,为什么它不一从巴颜喀拉山和各拉丹冬出来就笔直地流到大海里去呢?社会现象也是如此。天底下几乎没有一帆风顺的事情,事物的发展过程无不充满着迂回和曲折。例如人们经常指责和嘲笑的"大跃进"的确是一次大的失误,也确实造成了很大损失。但是你如果冷静、仔细地分析,也不是没有深层的原因。一个站了起来的人民,手中既掌握了政权,就急欲改变一穷二白的落后面貌,这几乎是当时所有中国人的普遍心理。对于毛泽东这个一向壮心不已的革命家,自然更是这种意志的代表者。再加上50年代初期和中期,抗美援朝战争取得了伟大胜利,三大改造几乎没有什么震动和损失就顺利成功,其他各项事业也都获得了巨大成就。往往过分的顺利就是挫折的先导,在这种情况下,难免就不那么谨慎了。这样就产生了主观愿望和客观规律的矛盾。加上对经济建设毕竟缺乏经验,后来就出现了这样的失误。这里我谈的都是主观因素,还没有谈国外的因素和严重的自然灾害。当然,一个郑重的党必须从失误中接受沉痛的教训。但是站在历史的高处看,从历史发展的总过程看,这些失误毕竟不过是前进中的一个曲折。退一步说,即使像"大跃进"这样的失误,也不是从头到脚都是错误,没有成绩。且不说工农业的进展,我们的核工业不就是在那最困难的年代加紧攻关,打下了巩固的基础吗?几年之后不就响起了震动世界的原子弹的爆炸声吗?如果要叙说全国万千座水库(它已经构成了我国农业生产的稳定因素)的历史,就不能不从1958年说起。大家都知道的十三陵水库,现在已是京郊风景优美的旅游区,那不就是"大跃进"的产物?人们不会忘记,那里还洒下了毛泽东、周恩来等众多领导人的汗水。可是对人民的事业一向冷眼相看的人,不管你用血汗换来多少成绩,他一丁点儿热情都没有,而对错误则千方百计地夸大,无非是要把共产党打倒在地,让她再也爬不起来。这里我想问一声那些自以为了不起的"精英"好汉:凭你们那点本事,让你把中国革命重新领导一遍,你胆敢说就不犯一点错误吗?叫我看,这种人别说领导中国革命,要在战争时期,你叫他跟着部队行一天军,怕也咧着大嘴哭啦!时间是无情的,它使我们越来越清楚地看清了各种人的面目。我们既看到了像颜、陈、潘这些真正爱国者的可敬,也看到了那些资产阶级自由化分子的可鄙!

一个人胸中燃烧着爱国的火焰,自然会觉得那些舐洋人脚后跟的叛逃"精英"可鄙可憎。颜先生骂他们是"猪油蒙心"的"可怜可鄙亦可悲的学运民运小蠢材",真是骂得痛快,一点都不过分。可这一来倒真的把他们刺痛了。于是苏晓康就来了一个反击。只要你看看那个反击,你就会看出它是多么色厉内荏,苍白无力。我真没有料想,这个"小蠢材"竟堕落到这种程度,真是士别三日当刮目相看了。他竟说大陆"催藏粮食就吊起拷打,甚至点'天灯'"。这不是多年前出现在反共传单上的下流语言吗?过去我们在战场上不是经常缴获到这样诬蔑解放区的传单吗?现在也被他抄在这里了。苏晓康还说"大跃进"时期的几个月内就死了两千万人,等于抗战八年的死亡总数。这不是说共产党比日本帝国主义还可恨吗?而且他说这是"官方承认的数字"。我们在大陆多年谁也没听说过这样的数字,经向有关方面询问,也说并无此事。苏晓康的这个数字究竟是从哪里来的?他所说的"官方"究竟是哪个官方?因为现在的官方,既有他仇视的官方,也有他卖身投靠视若父母的官方,这样的官方也许还不止一处。但是凡是有脑子的人都会想一想:当时中国才6亿人口,几个月就死去两千万,那就是说二三十个人中要死一个。苏晓康说那时是"易子而食",他本人那时还是个娃娃,大概是出于某种侥幸才没有被吃掉。不仅没有被吃掉,而且还健壮地成长起来了,上了大学,成为能够写点儿像《河殇》那种电视片的作家。颜元叔先生说，看了《河殇》，无论剧中人摆出什么学者口吻、理性姿态，在"虚假的理论之后看到的只是'不更世事'的知识孩童"！这点我有同感。我当时就感到好像一个幼儿园的孩子拼命拉开架势发表纵论天下大势的演说。既可恨可气又滑稽可笑。不过他现在确实进步多了，从《河殇》到这次对颜先生的"反击"，可以看出这个"知识孩童"已经颇像说谎话大话脸不红心不跳的反共老手了！这个进步的秘密，后来我看了台湾的报纸才明白：原来洋主人100万美元的施舍真叫没有白花呵！

苏晓康在他的这篇《对苦难漠视的残忍》中，一口一声大陆的"苦难"，斥骂颜元叔先生没有在大陆待过，所以才这样残忍，说如果颜先生到长江或黄河边上住一阵子，哪怕是一天都会受不了的。但是，我倒想问问这个"小蠢材"：你真的懂得什么叫苦难吗？你见过旧中国卖儿卖女的惨象吗？你见过1942年河南饿死300万人的惨象吗？你见过日本侵略者在华北广大乡村是怎样搞"三光"政策的吗？你见过美国人在朝鲜丢下了多少炸弹，造成了多少孤儿吗？你见过日本人制造的"无人区"和美国人在南越制造的"战略村"吗？是的，这些不久以前发生在我们周围的事，你全没见过，全不知道，也不愿知道，你但凡多少知道一点儿，也就不会被"猪油蒙心"了。可以毫不夸张地说，在中国共产党的领导下，中国人民经过几十年的苦战所得到的独立和解放，是一种真正意义上的独立和解放，其革命的深度和广度，是没有多少国家可以与之相比的。人们常常把法国大革命看做是民主革命的光辉代表，其实长达28年的中国共产党领导的新民主主义革命，比法国大革命要深入得多和彻底得多。中国人民得到实际利益是有目共睹的。纵然目前人民的生活还不能说十分富裕，但比起旧中国，那简直是天壤之别了。旧中国人民的平均寿命是35岁，现在平均寿命是70岁，这不是活生生的事实吗？现在我们的青年身强体壮，身高普遍超过他们的父辈，这不也是事实吗？更重要的是过去处于社会底层的劳苦大众，已经成为自己国家的主人。正是由于这种根本变革,才使得人民从来没有这样心情舒畅,意气风发。那种长期被压制的生产力,像地下的岩浆冲天爆发出来。中国的各项事业在短期内所以能出现奇迹般的成就,其奥秘正在这里。在这些问题上,苏晓康们是既不懂历史,也不懂现实。如果人民像苏晓康说的那样每天都觉得自己在受苦受难,能释放出这样的能量吗?那些奇迹是从哪里产生的呢?在旧中国为什么就出现不了这样的奇迹呢?抗美援朝的胜利,也是一个明显的例子。苏晓康辈须知,手执劣势武器的战士,并不是谁用鞭子赶着前仆后继,压倒现代化的敌人的。这些本来都是一般中国人最基本的感情,然而苏晓康辈身上没有,而且感觉相反。也许他们喝"蓝色海洋"的水喝得太多了,已经失去了一般中国人的人性。

读过颜元叔三位先生的文章,再次使我深切感到,爱国同反帝是两个多么密切的命题。其实,一部中国现代史已充分说明,凡是真正的爱国者没有不反帝的。反过来说,凡是在反帝立场上模糊和动摇的人,也很难做到真正的爱国。可以说,中国近代的爱国思想正是由于帝国主义列强的欺凌而强烈地激发起来的。帝国主义和我国的矛盾是不可调和的,关系到中华民族生死存亡的矛盾。在这种情况下,不反帝何以救国呢?又何能称之为爱国呢?从三位先生身上可以看出,他们爱国的思想如此浓烈,正是因为他们反帝的立场十分鲜明。反过来说,正因为他们看穿了帝国主义的狼子野心,他们的爱国热情才如此炽热。而且应当指出,帝国主义同中国的矛盾,并不因中国的解放,并不因大陆上驱逐出帝国主义的势力就结束了。这一点,颜、陈两位先生都有洞察。颜先生在《盘古龙之再临》中说:"时至今日,东方还是东方,西方还是西方;中国还是中国,非中国还是想吃掉中国!外籍的个人可敌可友;但是作为国,作为族,中国与世界——特别是西方世界——则永远是死对头!"陈映真先生的文章则通篇都是从世界帝国主义同第三世界的矛盾来阐明问题,中国自然是第三世界中的一个主要棋子。他语重心长地提醒我们：不要忘记第三世界的穷人，在建设自己国家的同时，不要失却了"与世界穷人同舟一命的认识"。他还说："西方正以低廉的费用，吸引大量的大陆知识分子进行高效率的、精密的洗脑，和六七十年代以来的台湾一样，大陆知识分子到西方加工，塑造成一批又一批买办精英资产阶级知识分子……"他举出的这些事实，看来是很值得已出国、想出国的青年学子们警惕的吧！此外，他提出的不要忽视阶级分析的意见，也是值得我们十分重视的。

民主、自由，是近几年被搅得最为混乱的题目。反共分子，叛逃分子，以及大小汉奸卖国贼、烂香蕉，莫不以民主、自由相标榜。颜先生斩钉截铁地提出："为历史上此刻的中国，我胆敢高呼：反民主！反自由！反西方民主！反西方自由！"话说得如此激烈，无非是想让一些糊涂人清醒清醒。这里说得很明白，反的是西方民主，西方自由。也就是资产阶级的民主，资产阶级的自由。他之所以说得如此痛切，是因为他对资本主义的"民主""自由"体会得太深了，彻底地看穿了。当然，他不是指社会主义民主，而我们的社会主义民主是必须日臻完善和充分发扬的。这是社会主义的本质。本性所决定的，而且是我们的力量所在。而资本主义的"民主""自由"，是我们一向鄙视的。我们认为，民主、自由，绝不是一个空家伙，它首先要有经济内容，也就是要建立在人与人经济地位平等的基础上，要消灭剥削、压迫、奴役，要人人都有饭吃。单是这一条资本主义就做不到。有人把美国看作民主、自由的天堂，它的数百万无家可归者也只有挨饿的自由。经济上如此，政治上他们有实质上的自由吧？也没有。朝鲜战争时，我曾到俘虏营中调查访问。我同众多的美俘谈过话。可以说几乎100%的美军士兵是不愿到朝鲜来打仗的。尤其是那些刚刚参加过二次大战的老兵，怀有强烈的不满。但他们的自由最多也只是骂骂杜鲁门，此外，别无他法，最后还是得乖乖地到异国他乡来当炮灰。一些糊涂人只看到美国议会上可以互相对骂，可以掷墨水瓶，就以为这是令人陶醉的民主了，其实，这样的"民主""自由"对人民毫无用处。现在美国正是用这样的"民主""自由"，作为向社会主义进攻的武器。颜先生看得很透，美国用"自由""民主"的口号，是要"企图分化我们，打散我们，划割我们，制造我们的内部矛盾，让我们互相抵消"。现在有的社会主义国家不就是这样吗？人民面对着政治分裂、经济崩溃、思想混乱的困境，往往苦笑着说："我们这里除了自由，什么也没有了！"这是多么痛苦的教训！经验已经证明：在当前这个历史阶段，在我们社会主义国家，人民民主专政才是唯一可以选择的最理想的政治制度。它既包含着对广大人民群众的充分民主，又包含着对一切反动力量的专政。两者构成了完整的统一。我们应该使这个制度愈来愈完善，愈来愈成熟。民主与专政两者不可偏废。但是现在两个方面我们都还做得不够，不仅民主不够，专政也不够，现在种种社会丑恶现象的出现和得不到有效的防止，就是证明。因此，我们在民主和专政两个方面都要做出足够的努力。不管帝国主义分子和反社会主义的小丑如何叫嚣，我们只能沿着人民民主专政的路线前进，决不能听信他们的胡说。

最后，我还想顺便谈一下近年来出现的"振兴中华"的口号。提出这口号的用意无疑是好的。但是如果以为中国革命取得的震撼世界的伟大胜利和几十年的创业都不算"振兴"，那就不能令人同意了。陈映真先生就说："1949 年中国的革命，对于绝大多数的第三世界不发达国家，是一个仍然必须付出艰难而巨大的努力犹难予取得的成绩。帝国主义的支配被彻底驱逐。和帝国主义内外勾结荼毒民族发展的国内反动势力被摧毁。半殖民地、半封建的社会经过了根本性构造改革。中国成了她自己的主人。"难道这些都不叫振兴？这样就把中国革命胜利的意义和含辛茹苦得来的建国成绩全看得太低太低了。现在的主要问题是经济上的发展还远远不够，还要做很大努力。这只不过是一个继续发展的问题。如果把 1949 年建国作为中华民族已经复兴的起点,把此后的发展看作是持续振兴的过程,那就比较适宜了。颜先生高声赞美盘古龙之再临,我看这是除一小撮卖国贼之外全体炎黄儿女的心愿。而且我将预言:长风破浪会有时,直挂云帆济沧海,已经重新腾飞的盘古龙,定将为全人类带来更为辉煌的贡献,也将为我们的民族带来远远超过往昔的光荣!

(原载《中流》1991 年第 8 期)

"向建设中国的十亿同胞致敬"

——访颜元叔教授

古远清

还在20世纪90年代初,我就在《参考消息》上读过台湾大学外文系颜元叔教授连载多天的《向建设中国的十亿同胞致敬》长文。今年8月到台湾大学访问,我第一个要见的就是这位著名文学评论家颜元叔教授。

作为台湾的第一高等学府,台大校园显得有些古旧,许多建筑物都是日据时代留下的,使我有些失望。可就是这个并不宽敞的台大校园,前两年上演了一出升台独"国旗",演唱台独"国歌"的丑剧。我不理解这个学术气氛浓郁的校园怎么会被台独的乌烟瘴气所笼罩。颜教授说:"在这马路上不方便谈,还是到我办公室去说吧。"

来到他宽敞的办公室,只见他办公桌上堆放着一捆前不久我在武汉出版的《台湾当代文学理论批评史》。他说是买来送朋友,并称赞我书中对台独文艺观点的批判。我们的话题很快转入我方导弹军事演习上。他激动地说:"你们的演习搞得好!长了所有爱国、追求统一人士的志气,灭了台独的威风。在我们台大,独派势力猖獗,在李登辉的庇护下愈来愈嚣张。对李登辉这种人,我早就看透了,不抱任何幻想。对李登辉就是要揭露,要打击!打掉他的台独气焰!"

我问:"台独分子在贵校升他们的所谓'国旗',校方怎么不管?"

颜教授说:"校长与李登辉一样,并非统派人士,还不是睁一只眼闭一只眼。领导权不掌握在爱国人士手中,问题就严重在这里。"

为了宣传中国统一,颜教授除出任"中国统一联盟"顾问外,还多方呼吁,写文章批判台独。他十分不满意李登辉宣扬的所谓"台湾经验"。他说:"台湾有人叫嚷在大学建立'台湾文学系',可现在台湾连一本像样的《台湾文学史》都没有出过,倒是大陆出了多种。不仅文学研究方面,台湾在其他方面也不如大陆,拿选举来说,大搞行贿,开起会来拳打脚踢,这就是他们的所谓'台湾经验'"。

可颜元叔这些看法,在台湾并非人人赞同。有人去大陆,只看到大陆的阴暗面,未看到那里的光明面。联想到颜先生在90年代初发表了一篇以长江为题的赞扬大陆改革开放所取得成绩的文章,竟被另一位反共教授骂为"老糊涂""瞎了眼",可颜先生仍我行我素,不改变自己的立场。临别时,送了一大包他自己的大部头著作《英国文学·古中时期》、《西洋文学辞典》等书给我,并再次要我向辛勤建设中国的大陆同胞致敬。

(原载 1995 年 12 月 11 日《长江日报》)

串连东西，衔接台外

——摆渡人颜元叔的再定位

杨宗翰

一、敬悼"摆渡人"颜元叔

2012 年 12 月中旬，拙著《台湾新诗评论：历史与转型》印行上市。这本书旨在追索台湾新诗评论之"起点"、"变貌"及两者间的中介接点"转型"（transformation）。书中将"新诗话"的诞生与"诗人批评家"的出现，视为台湾新诗评论的真正起点。从日治时期到二十世纪五十年代建构出的诗人批评家样貌与印象式批评手法，到了六十年代面临英美"新批评"（New Criticism）之强力挑战——后者的代表人物有二，一位来自"民间社会"的李英豪，一位来自"学院建制"的颜元叔。在他们积极评介下，台湾新诗评论遂正式"转型"连带提升并凸显了"诗评家"之独立位置。

在李、颜二人出现以前，台湾的读书界与文化圈对"新批评"并非一无所知——因为还有位集教授、编辑、翻译家、评论家于一身的夏济安。李英豪于 1966 年出版《批评的视觉》，书中各篇分别写于 1962 至 1964 年间，是台湾第一部全力介绍、推广与援用新批评手法的中文书籍。不过，五十年代后期夏济安已在台大课堂、《自由中国》与《文学杂志》上，刊登过零星几篇关于"新批评"的翻译与介绍。其中尤以 1956 年 10 月《文学杂志》一篇《评彭歌的"落日"兼论现代小说》，允为最早以新批评手法进行现代小说评论的示范。可惜夏济安英年早逝（1916—1965），来不及让影响力更为扩张与延伸。另一位学者陈世骧，则是将新批评方法应用在中国古典诗歌上，对学院内的古典诗歌研究者深具启发。夏济安的学生辈如诗人叶维廉，在攻读于台大外文系以及师大英语所期间，便开始翻译艾略特（T. S. Eliot）的《荒原》并撰写《艾略特的方法论》、《静止的中国花瓶——艾略特与中国诗的意象》、《诗的再认》等，在新批评理论的引进上自有其贡献。但无论是夏济安、李英豪、陈世骧或叶维廉，他们都始终无法像颜元叔一样，悠游于中外文系所及学院内外，并迅速在大众传播媒体上取得影响，言行举止与学术判断更屡屡造成众人震撼。这是因为颜元叔虽稍晚出现于评论界，但透过他在台湾大学与淡江文理学院推动的教学改革，以及不吝于各式报刊上撰文发表评论、笔战群雄，终于后来居上成为"新批评"代表性评论家。虽然争议不歇且反驳者众，但我们必须肯定颜元叔替新批评之"位置攫取"（position-taking）卓有贡献。今日之读者与评论家接受新批评术语时几乎已臻"不证自明"，代表着新批评对台湾文学评论的影响已深入根蒂——颜元叔四十年前的付出与努力，毕竟没有白费。

2012年12月26日，颜元叔因肝癌不幸逝世，距拙著《台湾新诗评论：历史与转型》印行上市仅隔两周。诚如笔者在书中所言：六七十年代间，颜元叔在封闭的台湾评论界演着串联东西、衔接台外的"摆渡人"角色，提供了分析方法、转运了理论资源、增益了诗学新知，贡献不可谓之不大。进一步说，若没有"摆渡人"颜元叔对英美新批评之全力提倡，对作品细读之躬自实践，对中外文学教材及研究方式之坚持变革，台湾的"文学学"很可能不会是今天这个模样。

但他毕竟还是走了。余光中所撰之纪念文章提及："颜元叔'离开'我们已经太久了，令我们失望而不能谅解。……不时听人转告,说他去了对岸某处,正卜宅安居,又说他已回来台湾,现正养病。那么悠长的岁月,这世界早已变得难认,偏他,不回学府也就罢了,却连文坛也一起弃了,犯得着吗?"关于颜元叔当年为何提早"离开"的原因版本众多,我以为其中饶富戏剧性——若是因笔战后怒气未消"老子不玩了",至少还算带有王祯和式的喜剧色彩;若是受"台大哲学系事件"牵连,囿于政治因素而不得不"转战",那无疑就是悲剧了。

从喜剧抑或悲剧的角度来观察,或许更能彰显出颜元叔的双面性。他的热情"火"起来可以烧遍七十年代的古典诗界与现代诗坛,对论敌一个也不容赦;他的执著"拗"起来倒也爱恨分明,八十年代后毅然朝散文创作及英语教育转向,评论健笔迅速变身为辞海专家。最令人惊讶的是,颜元叔晚年曾在自己与胡耀恒等学者创刊的《中外文学》上,借回顾《中外》历年发展之机会,撰文严词批判"美帝"带来的错误观念与影响。颜氏从六十年代末期起,就是台湾学术界引进英美"新批评"的重要旗手;谁能料到这位四十年前"美帝"代言人晚年幡然悔悟,竟在外文系地盘突兀地捍卫起中华道统与文化传承?

二、颜元叔与英美新批评

在台湾的文学评论历史舞台上,颜元叔扮演着串联东西、衔接台外的"摆渡人"要角,为六十年代末至七十年代颇缺氧气的封闭文坛,转运了重要的理论资源与文学新知。彼时"新批评"在英美早已不"新":它肇始于二十世纪二十年代的英国,繁荣于三十年代的美国文坛,二次大战后迈向巅峰,俨然是现代批评的代言者。五十年代末期,"新批评"渐成强弩之末,遂被更"新"的批评理论给逐步取代。明知不'新'却坚持引进,颜元叔在《新批评学派的文学理论与手法》中说明了自己的理由:

今日甚至有人说，新批评已经死亡，似乎是耸人听闻的戏谑语。实则，新批评学派的理论与手法，经过数十年的传播，已经深入文学研究的领域，变成一种理所当然的方法；只是不如其全盛时期的嚣张而已。我个人曾经深受新批评的影响；我的博士论文《曼殊菲尔的叙事观点》，即是用新批评的手法写成的。不过，近三两年来，我也对新批评学派抱持着批评的态度，因为我觉得新批评过分局限于形式和美学的讨论，忽略了文学的外在关系。然而，无人可以否认——包括反对新批评学派最激烈的亚里士多德学派在内——新批评的理论与手法，作为文学的内在研究，仍然是最好与最有效的途径。

在颜元叔以中文撰写的著作里，这篇应该是对英美新批评最早的整体性介绍。他从1966年学成归国后，同时任教于两所外文系学术重镇，并自1969年开始接掌台大外文系主任一职。他在任内与文学院朱立民院长合作，全盘革新大学的文学教学与文学研究：

（一）在课堂上大量采用原文教科书，连带促使西洋文学理论成为外文系教学主流。

（二）授课时特别注重作品本身结构与字质（structure and texture）分析，对过往偏重印象式批评或历史传记批评的文学研究界形成巨大冲击。

（三）筹办第一届国际比较文学会议与《淡江评论》（Tamkang Review），1972年还与胡耀恒等人创刊《中外文学》。

大学校园内毕竟影响人数有限，这位新批评的引渡者遂另开战场，频繁出版新书并跃上媒体发声。扣除他自1974年《人间烟火》后陆续出版的十七部散文集，他的文学评论著作计有七部：

（一）《文学的玄思》（台北：惊声文物，1970）

（二）《文学批评散论》（台北：惊声文物，1970）

（三）《文学经验》（台北：志文，1972）

（四）《谈民族文学》（台北：学生，1973）

（五）《何谓文学》（台北：学生，1976）

（六）《文学的史与评》（台北：四季，1976）

（七）《社会写实文学及其他》（台北：巨流，1978）

颜氏的文学评论，精神皈依于十九世纪人文主义者阿诺德（Matthew Arnold），方法则撷取自英美新批评——特别是他推崇备至的艾略特（T. S. Eliot）。为纪念与表扬 Eliot 对欧洲文学的贡献，颜元叔还力倡将坊间译名"艾略特"统一改为"欧立德"。在他二度赴美撰写博论前后，1965 年 8、9、10 月号《大学生活》上连载了《论欧立德的诗》。这篇文章再加上他归国任教后撰写的《欧立德与艾略特》、《欧立德的诗剧——音响与字质的研究》，字里行间可见作者有意在台推广及鼓吹 Eliot 之文学理念。

在颜元叔现身"布道"以前，李英豪、余光中等人都介绍过 Eliot 其诗、其文、其人、其论，坊间亦早有不少相关译介。但以颜氏在台湾学术界的身份与位置，加上对课堂学生及媒体读者的广泛影响，对六一年代后期起艾略特成为台湾人心目中完美的西方正典（canon），确实起了关键性的临门一脚。笔者以为，艾略特之所以能够成为彼时台湾人心目中完美的西方正典，与他晚期的形象不无关系：保守派、古典主义者、英国国教信徒——还有，绝对不是国民党头痛的"左"倾分子。

三、颜元叔与实用批评

我以为颜元叔对台湾"新批评"最大的贡献，应该是在实用批评（practical criticism，或译为实际批评）。夏济安或李英豪的实用批评文章，在累积量上绝对无法与他相比。发表量其实也是某种衡量曝光度、影响力的标准，无怪乎七十年代的人们一想到颜元叔，就会快速联想到"新批评"三个字。但颜元叔也有他的坚持：为了调整新批评理论对文学外在关系的忽视，他遂在文章中反复强调文学与文化的关系，以及文学具有教育良心的特点。这算是替新批评的可能流弊，先打下了预防针。

在颜元叔的众多实用批评中，以对古典诗的分析最惹人非议。他对中国古典诗的讨论，计有《中国古典诗的多义性》、《析"江南曲"》、《细读古典诗》、《分析"长恨歌"》、《析"自君之出矣"》、《析"春望"》、《音乐的宣泄与沟通——谈"琵琶行"》等。这些文章一发表，叶嘉莹、魏子云、夏志清等人纷纷撰文表达否定之意。以西方文论讨论中国旧诗其实并不新鲜，之前就有几位"海外学人"尝试此举，如六十年代的陈世骧、七十年代的梅祖麟、高友工。一样用新批评手法，或采语法、语义、声韵分析，为何以中文撰写的颜元叔就惹起这么多争议？其原因应与他喜好"唯性是问"颇有关系：

（一）"自君之出矣，金炉香不然，思君如明烛，中宵空自煎"（《自君之出矣》）有性影射，蜡烛与金炉分别成了男、女性器的象征，只因"在西洋文学中，蜡烛是一个常用的男性象征，而西洋文学中的杯状物如圣杯（the Grail）等，被视为女性象征，而金炉之形状颇似圣杯，在此又和妇女有密切之关联，故可视为女性象征（页63–64）。"

（二）"早知潮有信，嫁与弄潮儿"（《江南曲》），因为"信"、"性"同音，让他联想到可能是双关语；而"潮"字暗示女人的经期，也是女人性欲之周期。配合此诗前两句"嫁得瞿塘贾，朝朝误妾期"，颜氏得到这个结论："弄"潮的人必谙"潮"性；谙"潮"性者，必谙"妾"性；则"弄"字之含蓄与挑逗，实意内而言外。无怪乎这位能唱"江南曲"的少妇，后悔没有嫁给他（页77）。

（三）颜氏指出"梨花一枝春带雨"（《长恨歌》）这行诗是白居易诗艺的结晶，占据了总结全篇的地位。而"春带雨"是指"一枝梨花开放在春雨之中，就暗喻而言，它的性影射是强烈的——而且也是充满性之美的。'春'含育着由于性成熟或性欲求而产生的肌扶之光泽,'雨'更能显示由于此类成熟或欲求而形成之润湿"(页101)。

（四）"洞房昨夜停红烛,待晓堂前拜舅姑"（《近试上张水部》）,颜氏这次不当东方弗洛伊德了,但他却认为这个题目"只说明了写诗的场合,与诗的内容毫无关系"（页84）,故擅自把诗题改为《停红烛》。这篇作品在他眼中就是一首新婚诗,既不知此诗另有一题目《闺意》,亦不知《全唐诗话》已记载了朱庆馀欲以此诗请教张籍的故事。

由这四个例子可以看出,颜元叔的古典诗评论有两项明显缺点:太偏重以性心理学解诗,几乎比弗洛伊德本人还要弗洛伊德;在中国古典文学方面的修养太差,却硬要强充解人,宛如手握强调模棱两可（ambiguity,或译为多义、歧义）的新批评宝剑,却缩减了原诗的可能解释。叶嘉莹、夏志清等人对他的批评,大抵也集中在这些方面。

此外,颜元叔撰写过多篇关于台湾现代诗的实用批评文章,如《余光中的现代中国意识》、《梅新的风景》、《细读洛夫的两首诗》、《罗门的死亡诗》、《叶维廉的"定向叠景"》等,并对叶维廉诗作情有独钟。他还发表《对中国现代诗的几点浅见》、《审诗杂感》等诊断与诤言,文中明确指出台湾现代诗的病灶：

（一）诗人的意象语过于跳跃,只求表现个人经验,导致晦涩之作大增。

（二）作品缺乏严谨结构,有佳句而无佳篇。

（三）不去追求诗的内在形式,让作品成为放纵和混乱的组合。

台湾的现代诗研究能够逐步走向学术化之途,纯作诗评论、并非诗人的颜元叔确实功不可没。对台湾现代诗的批评,并没有让他受到太多责难;真正让他被学界质疑的,还是对中国古典诗的解读。因为他的古典诗解读而引起的论战文章计有：

（一）叶嘉莹，《漫谈中国旧诗的传统（上）》，《中外文学》，第2卷4期（1973年9月），页4-24。

（二）叶嘉莹，《漫谈中国旧诗的传统（下）》，《中外文学》，第2卷5期（1973年10月），页30-61。

（三）魏子云，《梨花一枝春带雨——读颜作"分析长恨歌"》，《中华日报·中华副刊》，1973年6月29日。

（四）夏志清，《追念钱锺书先生——兼谈中国古典文学研究之新趋向》，《中国时报·人间副刊》，1976年2月9日。

（五）夏志清，《劝学篇——专复颜元叔教授》，《中国时报·人间副刊》，1976年4月16—17日。

（六）黄维梁，《中国历代诗话、词话和印象式批评》，《中国时报·人间副刊》，1976年6月6—8日。

（七）黄青选，《批文入情》，《"中央"日报·"中央"副刊》，1976年6月11日。

（八）黄宣范，《从印象式批评到语意思考》，《中国时报·人间副刊》，1976年6月24日。

（九）赵滋蕃，《平心论印象批评》，《"中央"日报·"中央"副刊》，1976年8月14—16日。

（十）徐复观，〈从颜元叔教授评鉴杜甫的一首诗说起〉，《中国时报·人间副刊》，1979年3月12—13日。

（十一）徐复观，《敬答颜元叔教授》，《中国时报·人间副刊》，1979年7月16—17日。

彼时颜元叔"惊世骇俗"的阅读结论与象征分析，对古典诗圈内的专家们可说是一大挑战（或该说是挑衅？）。争议既多，谤必随之，颜元叔有次误录杜甫诗作，消息居然跃登报纸版面，成了一则新闻"论敌眼中的丑闻"。我以为颜元叔或许在中国古典文学方面的修养不高，但他连在笔战中都是个彻底的"新批评"实践者。何以见得？叶嘉莹在《漫谈中国旧诗的传统》中批评"现代解诗人"，却不又点名是谁或是指哪篇文章。颜元叔就直指这种态度"并非现代文学评论之福"。除了态度问题，颜氏还认为叶嘉莹犯了新批评的意图谬误（intentional fallacy）而不自知，并以 T. S. Eliot 的"传统"观反驳叶嘉莹对中国旧诗传统的看法。

另一值得注意者，是 1976 年颜元叔和夏志清之间的笔战，在文化圈引起轰动，甚至让后起研究者断定为两人影响力消长的关键。夏志清因此成为新的"文学导师"，取代了颜元叔原先在台湾岛内的地位。我对此种论点颇有保留。

整件事的起源，是颜元叔以《印象主义的复辟？》批评夏志清《追念钱锺书先生——兼谈中国古典文学研究之新趋向》，认为夏氏提倡的是"停留在十八世纪"的印象主义式批评，借着追念（笔者按：此为海外误传，彼时钱锺书尚健在）钱锺书来批评台湾的新批评与比较文学研究人士。夏志清又以《劝学篇》回应颜元叔《印象主义的复辟？》，他在文中强调自己读过多少书、学过多少语文、授业老师是谁、甚至暗示颜元叔就读的威斯康辛博士班之要求，远不如夏氏自己的耶鲁大学来得多——我认为这些已沦为卖弄，哪是什么讨论？夏志清彼时的气度与格局，由此不难想象。

颜元叔倒是心平气和地回了一篇《亲爱的夏教授》，文中问读者："新批评应否在台湾推广？"答案当然是肯定的，他并说明："我不是赶时髦的人，'新'与'旧'对我并没有什么差别；我们只是着眼于自身的需要而已"。除了新批评，当时（1976年）颜元叔在台湾还介绍了另外一些西洋批评理论，如新亚里士多德学派，神话与原始类型派，及结构主义等。其原因不是"新奇"，而在"有助于国内的学术研究，能够刺激一些新活动，造成一些新成果，这也便是传统的生长"。对于这场笔战，我以为就算夏志清真的"赢了"，颜元叔借由大众传媒来推广新批评的目的已经达成——究竟谁才是"文学导师"或"文学批评界龙头"，这样看来也没那么重要了。

自颜元叔学成返台后，一方面在校园里训练青年学子，一方面在传媒上摇旗呐喊，双管齐下鼓吹"新"的批评手法，让这迟到的（belated）"新批评"替台湾的文学评论界定下了新规则：扬弃模糊的感受与印象，要求精品细读，讲究字质、结构、方法、系统、整体与专业。配合彼时台湾当代文学想从"江湖"走向"体制"、从"民间"进入"学院"的强烈渴求，连外文系也不再自囿于"语文训练"而朝向"文学研究"发展……这些巨大变革的诞生，都与"摆渡人"颜元叔脱离不了关系。与他笔墨交锋过的台大中文系叶嘉莹、东海中文系徐复观、美国哥伦比亚大学夏志清等学者，或许都曾有过想要串联东西、衔接台外的雄心；但终究没有一位能像颜元叔般，自在悠游于中外文系所及学院内外，贯彻教学改革意志、引领舆论走向并屡获传媒瞩目。

颜元叔常轻易颠覆人们对"学者"的传统刻板印象。他后来决定替《皇冠》杂志撰稿，投身通俗读物市场，毅然"转型"为拥有17册作品的知名散文家。从今日学术界与一般读者的反应来看，他的散文数量与成绩显然被双重低估了——或许评论也是？昔日颜元叔曾精品细读过不少台湾文学作品，今日该轮到我们来重新细读颜元叔了。

（原载《新地文学》第23期，2013年3月）

颜元叔：台湾最具影响力的文学评论家

古远清

提　要：颜元叔在台湾当代文学理论家中居第一流兼领潮流的地位。没有他开创一代新风的批评的推动，战后台湾文学理论的步伐就要减慢许多。当年他以其锐气十足的狂飙笔锋及雄姿英态，创办了后来成了当代文坛重镇的《中外文学》。他还大刀阔斧改革外文系的教学系统与英语课程，将外文系的课程变得系统化又多姿多彩。他将新批评观点运用于古典诗歌领域，引起风潮与争议。他研究日据时代文学，也介入当前文学创作，在评论界掀起一阵阵狂潮。

关键词：台湾文学　台湾文学理论　新批评

在1993年纪念《中外文学》创刊二十周年时，该刊创办人颜元叔大声赞美毛泽东在天安门城楼上所宣告的"中国人民从此站起来了！"由此呼吁"我们这一撮安适于西方帝国主义文化的黄色余孽，也不宜太迟地摘掉余孽的帽子，还来得及跳回到参加'振兴中华'的行列中去吧！"这种激情表白带有强烈的自我批判精神。这位喝过湘江水的硬汉，看到中国在奥运会连获奖牌便热泪盈眶的"外省作家"，前不久辞世，使台湾文学界凋谢了一位大师。

颜元叔（1933—2012），湖南茶陵人。1956年毕业于台湾大学外文系。1958年赴美攻读英美文学，1960年夏获硕士学位，1962年获威斯康辛州大学英美文学博士学位。曾任教美国北密歇根大学。1963年返台后任台湾大学外文系主任、《中外文学》发行人、该校教授。他除出版有散文集外，另有论文集《文学的玄思》（台北，惊声文物供应公司，1969年）、《文学批评散论》（台北，惊声文物供应公司，1970年）、《文学经验》（台北，志文出版社，1972年）、《谈民族文学》（台北，学生书局，1973年）、《颜元叔自选集》（台北，黎明文化事业公司，1975年）、《文学的史与评》（台北，四季出版社，1976年）、《何谓文学》（台北，学生书局，1976年）、《社会写实文学及其它》（台北，巨流出版社，1978年）。

颜元叔是一个有强烈爱国主义精神的学者。他学贯中西，思理神妙，幽默风趣，文采璨然，作品显示出火辣辣的诗人性格和直通通的书生心肠，令人读后回味无穷，系台湾十大散文家之一。

作为台湾最早拿到英美文学博士返台任教的学者，颜元叔是上世纪六七十年代取代夏济安台湾评坛地位最具影响力的新盟主。他不像夏济安那样局限于对青年一代指导和帮其修改文章，其论著不仅有理论的研讨，也有实际批评。出身外文系的他，研究对象不局限于西方小说、戏剧，也包括中国的旧诗、新诗和现代小说。他既是第二代"新批评"的发言人，也是"民族文学"、"社会写实文学"的积极倡导者。当代文坛的众多论争，差不多都有他的份，在许多时候他还担任主角。他和一般评论家不同之处在于：具有创建理论的雄心壮志。其批评方法用他自己的话来说是"大致是字质与结构的细读分析，时而运用中西文化的比较观，以便发明参证"。可当时的不少文学理论家尤其是诗评家，其批评方法并非如此，他们过分强调"知人论世"的重要性，评论作品将精力放在作者的身世和历史背景的考察上，致使文学评论几乎成了历史传记的代名词。此外，社会学批评排斥心理学批评，且不重视结构的分析。有感于此，颜元叔对欧美"新批评"的"本体批评"、"内部研究"产生了强烈的兴趣，他企图将其引进以冲击多年流行的偏重于文学外部关系的传统批评方法。他通过发表论文、出版专著、教坛传授和现代诗、古典诗及小说批评领域的实践，把"新批评"方法的优劣处发挥到极致。这种极致，首先是"导致"了文坛上多年来存在过的外文系与中文系学者矛盾的加剧：外文系舍弃了本身应负的学术研究职责和评介世界文学的学术功能，取代了中文系在古典文学研究领域的发言权；部分中文系的学者为了摘掉"封闭保守"的帽子，急于搬用西方文学理论的观念和方法去研究中外文学。自六十年代后，中文系出身作家的主导地位位已被外文系出身的作家取代。是颜元叔的文学评论进一步从理论上强化了外文系出身的作家在文坛上的重要地位。第二个"导致"是从事文学批评必须有"文学概论"式的学术训练，要有一套名词术语，要有不同于读后感的"游戏规则"。

  这不是夸大颜元叔的能量，而是因为豪气干云的颜氏，一生认准目标便勇往直前，使其在当代文学理论家中居第一流兼领潮流的地位。没有他开创一代新风的批评的推动，战后台湾文学理论的步伐就要减慢许多。当年他以其锐气十足的狂飙笔锋及雄姿英态，创办了后来成了当代文坛重镇的《中外文学》。这个刊物在栽培陈映真等新人以及介绍西方思潮的角色方面，有重要的贡献。他还与时任文学院院长的朱立民，大刀阔斧改革外文系的教学系统与英语课程，将外文系的课程变得系统化又多姿多彩，让学生对中西文学有全面的认识，以至被称为"朱颜改"。他倡议成立比较文学博士班，译介《西洋文学批评史》，将新批评观点运用于古典诗歌领域，引起风潮与争议。他研究日据时代文学，也介入当前文学创作，在文坛上引发极大的震动，在评论界掀起一阵阵狂潮。他曾叱咤风云风云，引导一整个时代台湾文坛的风骚，这使得他和夏济安齐名，成了现代主义文学时期最重要的两位评论家。

作为有远见、有胆识、有担当的开创者，颜元叔的批评文章的出现还象征了另一种意义：台湾的现代文学经过将近二十年的发展，终于在台湾本土立定脚跟。颜元叔虽然对现代文学采取比以往较严厉的批评态度，但他以台湾第一个高等学府外文系主任的身份，用学院的严肃方式来分析这些作品，并且给予相当程度的肯定，特别是对白先勇的小说，另有对王文兴小说的长篇评论《苦读细品谈〈家变〉》，彻底改变了许多人否定这部小说的偏见。王文兴自己就说过，如果没有颜元叔，《家变》就不会这么轰动。吕正惠还认为，这是颜元叔写得最好的评论。他这方面的批评实践，就表示了现代文学已经得到文坛的正统地位。反过来讲，颜元叔认识到了现代文学的成就，肯在这方面花费他的学术功夫，证明他是一个能够掌握时代潮流的学者，因此也可以说是1949年以后，"开创了学院研究台湾当代文学现象的第一人。"[1]

下面，着重谈谈他在"新批评"领域所取得的成绩。

颜元叔受"新批评"的影响始于他的博士论文《曼殊菲尔的叙事观点》。系统介绍"新批评"学派的文章，则是发表于1969年1、2、3月的长篇论文《新批评学派的文学理论与手法》，以及《文学的玄思》一书中的压卷之作即其诗学宣言《朝向一个文学理论的建立》。受到人们广泛重视的是发表于1973年12月的《现代主义和历史主义》，[2]此文很快受到王晓波、李国伟的喝彩。[3]后来颜元叔又写了不少文章，大都收集在《谈民族文学》一书中。其中《就文学论文学》一文，颜元叔论及"新批评"的原则时指出："第一，承认一篇文学作品有独立自主的生命。第二，文学作品是艺术品，有它自己的完整性与统一性。第三，所以一件文学作品可以被视为独立的存在，让我们专注地考查其中的结构与字质等等。"[4]这三点，是颜元叔对"新批评"

实质的把握。依据这种把握，颜氏认为文学评论的对象既不是社会历史背景或作者的生平资料，也不是作者心灵或读者的反映，而应是作品本身。在他看来，文学作品是客观存在的独立自主的有机实体，是评论家从事评论工作的唯一依据，任何离开作品本身去强调作者的写作动机或作品产生的时代背景，都会走向"感受谬误""意图谬误"。颜元叔用形象手法说："新批评家对作品与作家的关系的看法，类似儿子与母亲：儿子生下来便有独立性，脱离母亲而存在；要了解儿子，便直接研究儿子；不可老是研究母亲，想从母亲的身上获得儿子的答案。"[5]因为母亲固然要影响儿子，但儿子也可摆脱这种影响走自己的路，他的生活道路只能由自己负责。这种道理运用在文学研究上，便是只有将作品本体作为批评对象，才能真正鉴别作品的优劣。因而批评家用力气的地方，不在时代背景和作者经历方面，而在象征、影射、音响效果及意象结构、意象语的运用上，是"结构和字质"，"外加一点弗洛伊德及佛勒哲等人对人性的理论，作为文学内涵解说之助，如是而已。"[6]

由此可见，主张以作品为本位的"新批评"，其长处是善于对作品进行深入细致的研究，把握文本内涵，发掘作品的底蕴，有助于提高文学批评的客观性和准确性。如颜元叔的《梅新的风景》，对梅新的诗作一首首地从局部字质到逻辑结构加以剖析，就有许多真知灼见。这种强调"义理"的批评，所重视的是评论者缜密的思维、敏锐的感受与文艺修养，这无疑是对过去偏向于"考据"批评的一种反拨。

颜元叔所提倡的"新批评"另一特点是注重文学的整体性，反对将内容与形式分开。在颜元叔看来，"本体"就是"骨架"（即思想内容）和"肌理"（即艺术形式）融合为一的有机整体。内容只是经验，完成了的内容即形式才是艺术。乍看起来，这好似一种形式主义的文学理论，其实，"新批评"理论家的着眼点并不单纯是形式，他们还十分重视作品所体现的丰富深邃的人生意义。只不过他们认为这人生意义只能从作品的各个元素有机组织起来的意象结构中去把握，要辨别作品内容的优劣，也只能依据那些抽象的哲学思想或政治思想是否已成为形象的血肉。颜元叔分析叶维廉《愁渡》等诗，首先注意的便是诗的韵律美以及意象的组合方式是不是连贯，意象结构有无前呼后应，给读者有无提供一定的联想方向。为此，他提出一个"定向叠景"的概念，以此作为区分晦涩诗与明朗诗的分水岭。他说："晦涩诗的情感思想，四方乱射，令读者无所适从，结果感到迷失与迷惘。艰深诗的情感思想，则有一定的发展或投射的方向，读者可以按照这个方向领略探讨，越是往前走，越见情思的风景层出不穷，这样的诗便有'定向叠景。"[7] 这里对"定向叠景"尽管缺乏精确、科学的界说，但颜元叔从形式结构入手去判定作品所蕴含的哲理深度，这一方法是可取的。正是基于这一点，颜元叔认为叶维廉的诗虽然结构严谨、用语精确，但"他在题材及主题上，是比较缺乏时代性的。我们常在现代西洋诗与中国诗中见到的那种悲剧感，或缩小而言，悲哀感，叶维廉的诗不多提供。"[8] 评论别的诗作的文章，他也力求使文本解释，即通过对文本的剖析解释文字的含义与"文学是哲学的戏剧化"、"文学批评生命"的观点统一起来。后面两个观点，是颜元叔经过十多年的研究与思考所获得的结论。前者是颜元叔自己形成的，后者则借助19世纪阿诺德的理论去描绘文学对人生的功用，这正好与第一条用来描绘文学本质的理论相辅相成，与"新批评"的理论也没有冲突。

颜元叔的"新批评"还特别注意批评的严密性。他与一般诗评家的不同之处，是专事字与字、句与句、行与行的分析，即西方批评家讲的"精密赏析"。凡是经得起拆零分析的，有头，有中腰，有尾，有起、承、转、合的，他认为这样的诗就不是"一堆破碎的景象"，结构就不会给人崩溃的印象。他说："最上乘的结构，应该全篇为一个完整的有机体……而非滞留于零星的优美诗行或诗句而已。"这对有句无篇的诗人来说,无疑是一个针砭,洛夫就承认颜氏的批评"使我更进一步了解到文学作品结构的重要","确使我在警惕戒惧中获益不少。"[9]当然,颜元叔的结构说也引起过激烈的争议。洛夫和罗门就认为,结构有表象与内在两层面。颜氏的结构说,只适于散文或一般论文,对诗并不完全适合,甚至对现代小说也不完全用得上。这种争论虽然未能取得共识,但毕竟有助于批评严密化,有助于批评尽量走向客观科学。

颜元叔用"新批评"方法写成的诗评文章,一共有两类:一是宏观批评,如《对中国现代诗的几点浅见》。二是诗人诗作论,计有《余光中的现代中国意识》、《梅新的风景》、《细读洛夫的两首诗》、《罗门的死亡诗》、《叶维廉的"定向叠景"》,另有《审诗杂感》等。最值得重视的第一类文章所指出的现代诗的缺陷有:

第一,现代诗人对形式追求不够。颜元叔曾从文学史与美学的不同角度探讨现代诗的形式。他认为,中国古典诗历尽沧桑变化决不改变其严谨形式。今天的现代诗,学习西方时也应继承中国古典诗这一传统。从美学角度立论,他认为有些诗人过于放纵形式,作品常给人以支离破碎之感。诗人应在内在的有机形式与外在的机械形式之间作调和工作。

第二,现代诗缺乏严谨的结构,既无中国古典诗所讲求的"起承转合",也无西方诗所追求的"有头有尾有中腰"。颜元叔最看不惯的是只见开幕不见结局的超现实主义之作。他反对照搬西方诗人所倡导的"下意识"、"反理性"和所谓"自动写作"的方法。

第三,现代诗意象语孤立:意象语不连接,在文义格中各自孤立;缺乏意象结构,意象语各自为政。诗人只重视个人的经验,只强调以个人的"视景"入诗,致使读者难于亲近诗,这就难免走向晦涩。

第四，在语言方面，颜元叔认为：现代诗用得多的为乞求于字质稠密的"假文言"，和逃入文言文现成词句之间的"假白话"，还有引用旧语、文白混成的非驴非马的语言。他鼓励诗人大胆使用有生命力的口头语，给文学带来新活力。

当时的诗坛风气互相标榜和自我吹嘘的多，很少有人能像颜元叔那样挺身而出，直陈现代诗的弊端。他的观点也许有矫枉过正之处，但总的说来"并非有苛刻的要求，而是相当庄严的忠告。"[10] 以致洛夫将这位"非常具有杀伤力"的批评家和关杰明、唐文标并列，称其为"三位现代诗的杀手"。[11] 也有人在饭桌上称其为"屠夫"，这是因为他不仅为人有霸气，而且文章写得极为凶悍。正因为他毫不留情地批评现代诗，又提倡过"社会写实文学"，与乡土文学精神有相通之处，所以在乡土文学几乎要取代现代主义文学时，颜元叔的处境就变得相当微妙和尴尬。"为了自我澄清，他曾带头攻击具有阶级意识的'工农兵文学'，以便努力为他所提倡的社会写实文学留下一片清净地。即使如此，反对乡土的人仍然有人暗示说，他为乡土文学当了开路先锋；而乡土文学阵营的人，也不可能接受他那种温和的立场。"[12]

不管人们如何评说，颜元叔的"新批评"实践，毕竟导致"比较文学"成为台湾文学评论的重要项目，其代表人物除颜氏本人外，还有叶维廉、张汉良、杨牧、袁鹤翔等人。但"颜元叔并不想停留在'新批评'的层次。在精神上，他其纲举目张毋宁是比较接近历史学派的，然而在实践上，他却严重缺乏历史学派所需的丰富社会知识。"[13] 本来，一切新生事物不可能十全十美，"新批评"也不例外：

第一，颜元叔从一个极端走向另一个极端，即从过去忽视"作品本体"到完全强调"本体"自身，毫不考虑社会背景或作者生平、创作动机，这样的"自圆其说"，其科学性很值得质疑。如颜氏认为唐人李益《江南曲》的"早知潮有信，嫁与弄潮儿"的"信"系"性"的谐音，前面写的"嫁得瞿塘贾"

"之'贾',发音为'鼓',有大腹便便的味况。"[14]这种解释诚然新颖,也可说是自成一家之言,但这更多的是出于颜氏的再创作,与作品本意相去甚远。又如他分析杜甫的诗,只能用"新批评"的方法,而完全不了解也不想去了解唐朝是什么性质的社会,他甚至不知道那个时代的一些习惯用语。"他评当代台湾作品,可是却也无法带进台湾的历史经验来做注释之言,他的'新批评'倾向,毋宁是一种欠缺而不是真正的选择。"[15]

第二,存在着用外来的理论硬套本地创作的弊病。如用亚里士多德的结构理论去分析余光中《在冷战的年代》等诗,就未必恰当。用它去衡量洛夫《手术台上的男子》,更是南辕北辙。这就难怪引起洛夫本人及其友人的反批评——虽然这些反批评存在着意气用事的倾向。

第三,对"新批评"理论的局限性认识不足(如它只适合于微观分析而不长于宏观研讨),以至求新过切,这就带来态度欠冷静的毛病。

但不管怎样,颜元叔对"新批评"的倡导和译介西洋文论,将永远记载在台湾当代文学批评史上。以台湾的诗评界来说,虽然以往引进过超现实主义、象征主义及现代派,但多半为创作理论,未能很好形成一套系统、影响深远的批评学派。而由颜元叔领衔的"新批评",却首次形成了评论学派。仅就诗评领域而言,除颜元叔一人外,尚有温任平等人。当然,如前所述,颜元叔对"新批评"的大胆移植有不成功之处。特别是到了后来,"新批评"在文坛已算不得舶来品中最具魅力的流派,颜元叔本人也不再成为论坛中心的人物。尤其是在1977年12月他发表了《析杜甫的咏明妃》的文章,居然把大家相当熟悉的名作漏写了两个字,而且据此洋洋洒洒写下分析文字数千言。颜氏诠释杜甫诗时出现的这两处硬伤,遭到徐复观等人的抨击,颜元叔虽然作了公开道歉,但有些人还是不原谅这位不可一世的评论家,甚至还有监察委员想提案弹劾,迫得颜元叔从此离开文坛的漩涡中心而改写时而慷慨激昂,时而嬉笑怒骂,时而诙谐讽刺的散文以及为中国人写《英国文学史》和研究莎士比亚。几乎不再写当代文评的颜元叔,另写有《向建设中国的亿万同胞致敬》[16]这类时评,其巨大反响比他当年驰骋文坛有过之而无不及。

注:

[1] 林燿德:《小说迷官中的政治回路》,载郑明娳主编:《当代台湾政治文学论》,台北:时报出版公司,1994年,第184页。

[2] 吕正惠:《台湾文学研究在台湾》,台北:《文讯》,1992年5月号。

[3] 见台北:《中外文学》,第二卷,第9、10期。

[4] 颜元叔:《谈民族文学·就文学论文学》,台北:台湾学生书局,1973年,第48页。

[5] 颜元叔:《谈民族文学·中国古典诗的多义性》,台北:台湾学生书局,1973年,第70页。

[6] 颜元叔:《现代主义和历史主义》,台北:《中外文学》,第二卷,第7期。

[7] [8] 颜元叔:《谈民族文学·叶维廉的"定向叠景"》,台北:台湾学生书局,1973年,第259页。

[9] 洛夫:《与颜元叔谈诗的结构与批评》,《洛夫诗论选集》,台南,金川出版社,1978年,第262页。

[10] 陈芳明:《细读颜元叔的诗评》,载《诗和现实》,台北:洪范书店,1977年,第27页。

[11] 艾农:《诗的跨世纪对话:从现代到古典,从本土到世界——洛夫V.S李瑞腾》,台北:《创世纪》,1999年3月,第118期,第44页。

[12] 吕正惠:《做了很多别人没有做过的工作——怀念颜元叔教授》,台北:《文讯》,2013年2月,第59页。

[13] 杨照:《雾与画》,台北:麦田出版社,2010年,第550页。

[14] 颜元叔:《谈民族文学·析〈江南曲〉》,台北:台湾学生书局,1973年,第75页。

[15] 杨照:《雾与画》,台北:麦田出版社2010年版,第550页。

[16] 台北:《海峡评论》,1991年第2期。

(本文有删节,原载古远清著《台湾当代文学理论批评史》,武汉出版社1994年版)

新批评的倡导者颜元叔与台湾文学批评的演进

徐 学

（一）

从20世纪60年代末开始，颜元叔便在台湾文坛大力倡导与介绍新批评（The New Criticism），并将它应用于对中国古典诗词及台湾当代文学作品的分析评估，这使他成为台湾批评界众人瞩目的对象。在70年代的台湾文学批评界，颜元叔像一阵狂飙。对于他的大胆移植，台湾评论界众口纷纭，毁誉不一，但不管怎么说，他与他的"新批评运动"已成为台湾当代文学批评演进历程中的一个重要标志。新批评也已成为台湾当代文学批评中的一个重要流派。人们可以同意他或反对他，但却不能漠视他、抹煞他。

今天，颜元叔已从那翻卷腾跃的漩涡中心脱出身来。而且，他的新批评也算不上是台湾文坛众多舶来品的最新货色了，台湾的文学批评在这十多年来又有了新的发展，结构主义、现象学批评方兴未艾，符号学、解构主义正崭露头角。更可喜的是，台湾的文学批评家正力图在传统的重感悟批评和西方的辩证批评程序之间求得一种均衡。颜元叔和他的新批评或许已失去了领导台湾批评新潮流的盟主地位。尽管如此，它在台湾仍是一种相当流行的批评方法，不但出现了像欧阳子《王谢堂前的燕子》这样以新批评方法为主要分析方法的文学批评论著,而且还渗透到大学的教学中,从 60 年代中期在台湾大学、淡江大学和政治大学开设的文学必修课程中,都用新批评家克林斯·布鲁克斯(Cleath Brooks)和罗伯特·潘·华伦(Robert Penn Warre)合编的《文学批评方法》为教材。当此烟尘落定云消雾散之际,探讨颜元叔介绍与引进新批评的功过及经验,对于当代中国文艺批评界更好地汲取西方文艺批评,为我所用,应不是没有意义的吧。

到 1973 年,颜元叔共出版了四本批评论文集——《文学的玄思》、《文学批评散论》(同为 1970 年 1 月惊声版)、《文学经验》(1972 年 7 月志文版)、《谈民族文学》(学生书局版 1973 年 9 月)。在书中,颜元叔直言不讳的表白他的批评思想是"深受新批评影响的",而且他的实用批评也大致是采用新批评的"字质与结构的细读分析"。在这四本书中,颜元叔的批评思想与方法都已基本成形,因此本文就依据这四本中颜元叔对新批评的介绍与应用对他刮起的新批评旋风作一初步的描述和评估,当然这不等于说上述四部论著仅仅包含了批评理论与实用批评的内容。在这四本书中,颜元叔详尽地介绍了欧美新批评的萌发,形成与兴盛的历史,如《新批评学派的文学理论与手法》、《欧立德与艾略特》、《论欧立德的诗》、《欧立德的诗剧——音响与字质的研究》、《欧立德的文学理论》等,堪称中国批评史上第一次深入而又系统地介绍刚在欧美崛起的新批评学派。颜元叔认为,新批评派的意义在于"作为文学的内在研究,它仍是最好与最有效的途径"。颜元叔还热心关注台湾当代文坛,其实用批评涉及当代台湾小说、诗歌及电影。他以一个专门研究英美文学的学者的身份转而探讨中国当代文学,摆脱了学院派人士历来封闭式的文学研究的固有路子。他的文论因而在当时的文坛激起了更大的反应与激荡,使欧美新批评的思想与方法紧密地融入中国文学批评发展的洪流中,对于 50 年代以来一直显得不够景气的台湾当代文艺批评,无异于吹过一股令人耳目一新的清风。

(二)

颜元叔大力倡导和引进的新批评究竟对中国文艺批评的发展有何意义？要认清这一点，首要的工作不是去仔细考究他对具体的文学作品的分析与评估达到了何等的水准，因为这里毕竟存在着评论者的文学视野、文学修养等各种个人因素的局限性。重要的是应该在方法论的意义上作价值判断，应以整个中国传统的文学批评作为参照系，看他所倡导及运用的新批评是否提供了前人未曾清晰地意识到的批评思想与方法。因此，这里我们有必要对中国传统的文学批评作一简单而粗略的回溯。

在以儒家思想为主体的传统文化中，伦理学的探讨压倒了本体论或认识论的研究；中国古代哲学范畴（如阴阳、五行、气、道、神），无论在唯物论唯心论学派那里，其特点大都是功能性的概念，而非实体性的概念，中国哲学重视的是事物的性质、功能、作用和关系，而不是事物构成的元素和实体。在中国传统文化中，探讨物质世界的实体的兴趣远逊于考究事物对于人间生活关系的兴趣。在这种文化传统根基上滋长起来的文学与文艺批评，自然重视文学的教化作用（对一个以人伦五常为中心的礼教社会的调节作用），而忽视文学作为一个艺术本体自身所具有美学价值。在漫长的中国文学史中，强调文学教化作用的文学观顺理成章地成为当然的正宗，与这一文学观相适应的文学批评则以文学的教育功能（包括愉悦的教育功能）为评品作品高下的尺度。早在《论语》中就出现了为后世骚人墨客常引用的"诗可以兴、可以观、可以群、可以怨"，"诗三百，一言以蔽之，曰思无邪"的批评文字。《礼记》就更明白地打出"温柔敦厚，诗教也"的旗号。在这里，无论是把兴、观、群、怨等诗的教育认识作用视为文学的本质，或以思的邪正、诗的温柔敦厚的感化力来概括《诗经》，其着眼点无不落在文学的伦理教育功能之上，而不注重文学作品本体审美内涵的追索与分析。思无邪与温柔敦厚都是伦理道德所应推崇和颂扬的，因此也责无旁贷地成为文学作品优秀与否的标准。这种以伦理道德的外在参证为尺度来评价文学作品的风气被白居易推到了极端，在《与元九书》中，他明言应该以"讽"（用一种委婉的方式去劝告或指责）作为文学评价的标准。极力贬低那些缺乏伦理教育作用的作品。如在评价南北朝诗人谢晋、鲍照时，他说，"然则'余霞散成绮，澄江净如练'，'离花先委露，别叶乍辞风'之于什，丽则丽矣，吾不知其所讽焉。"对"索其风雅比兴，十无一焉"的李白诗风也颇有微词。在他之后出现的各式各样的诗话词话中，我们看到司空图以味论诗，严羽以气象、兴趣为诗的评价标准。王渔洋以神韵，翁方纲以肌理估定诗的优劣……一直到近代王国维以境界论词。他们所采纳的文学评价标准，虽然已经兼顾到文学作品思想性与艺术性，但对文学作品艺术价值进行估定的重心仍旧不在作品本体，而在作品给予读者的审美感受。至于作品要通过何种方式才能构成或强化这些美感，评论家应该运用怎样的方法与程序去分析与把握这种创造过程，这些论者不是忽略无视，就是语焉不详。比起他们，刘勰可算是较为重视作品的内在结构探讨的。他曾标举六观，但也是点到即止，在《知音》篇的后文里，对六观也并无再作长足、明晰的发挥与诠释。

由此可见、在中国古典文学批评中，无论是"载道派"的评判或是"缘情派"的品位，无论是侧重于文学的教化作用或愉悦作用，都不无片面地强调了文学与社会的密切关系，注重的是文学的狭隘性或宽泛的功利性，而忽视对文学作品本体的有机结构做深入细致的探寻、考究与剖析。另外，在中国传统的重了悟直觉而不重分析论证的思维方式的制约下，这些批评著作的形式，也是多片段而精要的提示，缺少系统严密的论著；在评论方式上，喜好搬用形象化的词语来对作品做整体朦胧含混的概括性的把握，而很少进行逻辑上的具体分析与推理。如上述的"肌理"、"滋味"、"气象"等专有名词,就是将日常生活的体验性的语言移用到文学作品的评价上来,这些独具特色的范畴和概念,都是古人在经验了审美活动产生的情趣和意象之后,对艺术作品的审美特性所作的生动具体而又笼统模糊的概循和总结、他们的长处在于具有多义性、具象性,短处则在于它们的含糊性和不确定性。正因为如此,我国的文学批评在很大程度上表现为一种直观的经验式的批评:它们常常是批评家模糊含混地传达他自己审美体验的独特表白,并未经过更为严密的梳理、提炼,上升为严格意义的理论思维形态。

"五四"以来,高扬科学与民主旗帜的中国新文化倡导者,以大胆反叛的态度指斥旧的文学传统,大量地介绍西方文化,包括各种批评流派。但这时大部分的译介者还是把眼光集中在19世纪欧美的各种传统批评流派上,例如从浪漫主义到自然主义之间的各个流派。进入20世纪30年代,社会更为动荡不平,大部分文学家出于一种社会责任感,不得不把批评当成一种催化剂,用它来促使文学成为一种改良社会批判社会的有力工具。他们无暇顾及或根本轻视那些专注于对文学作品美的结构作条分缕析探幽索微的批评。在这种背景下,先有泰纳的社会学批评,后是别林斯基、杜勃罗波夫斯基的革命民主主义批评,成了许多批评家手中得心应手的工具。居于主流的文学思潮认为,文学批评即使不流于社会批评式的借题发挥,也应该具有强烈的战斗倾向。在当时,浪漫主义的自我表现都被认作是一种"躲进象牙之塔"的可耻现象,遑论于顾及着重探讨文学作品作为一个虚构世界的自给自足的审美结构的批评呢?

当然,这并不等于说"五四"以来的中国文学批评是一片荒芜。就是像鲁迅、茅盾、郭沫若、冯雪峰等身兼革命家、文学家的文学先行者,也都在介绍和运用外来的文艺批评方面作出了贡献。只是由于他们所处的时代,那急风骤雨接踵而至的社会变革、民族战争、解放运动使他们不能不把自己的批评作为一种匕首投枪式的战斗武器，而不愿也无法一直去追踪和仿效那些更具有现代色彩的美学批评理论。这是历史与时代的需要，也是中国知识分子感时忧国优良传统的延续与发扬，自有其不可磨灭的功绩。但他们得到了一些，也必然失去了一些。虽然他们伟大的战斗品格，深厚的文学素养，对中国社会历史的深刻认识，使他们即便采用传统的社会学批评，也时时表现出对作品的真知灼见；虽然他们作为文学家与批评家，对于作家由感悟到表达之间所牵涉的许多美学上的问题有明澈的识见与微妙的把握，对于各类文学样式有着丰富的创作实践经验，即便在三言两语的评点中，也时时能切中肯綮，表现出高超的审美领悟力。但是社会学的倾向和风气毕竟使他们有意无意地在批评中避开对审美感受的大力发掘和对美的有机体的仔细剖析，而更急于表白和高标自己对文学作品显示出来的现实性与战斗性的赞美和鼓动。这种批评风气50年代末以后不正常的政治气候中日趋畸形与泛滥（就是在台湾五六十年代的批评也是相当情绪化政治化的）。如果说，在中国传统的文学批评中，论者常陶然于二三佳句，醉心于词章的评点称量，犯的是"见树不见林"的毛病，那么，这时，这种脱离具体文学作品的分析和忽略文艺发展的内部规律的情绪化的批评可说是"既不见树又不见林"。对于这类批评或许可套用钱锺书在《管锥篇》中的一段话："尽舍诗中所言，而别求诗外之物，不屑眉睫之间而上穷碧落、下及黄泉，以冀弋获、此可以考史，可以说教，然非谈艺之当务也。"那些批评往往搔痒不着，有的批评家甚至沦为刑警与判官。

当我们对中国文艺批评作了一番匆匆巡礼之后，我们不能不得出这样的结论：在漫长的中国文艺批评史上，尽管出现了许多伟大的批评论著和不少具有百科全书般渊博的知识和过人的审美颖悟力的大批评家，他们和他们的论著在现在和将来都必然是从事文学批评者所取之不尽用之不竭的宝藏。但是就现代中国文学批评的整体而言，文学批评仍然没有成为一门严格意义上的奠定于现代美学理论之上的有着精确的术语范畴和严整体系的独立学科。正是在这一意义上,颜元叔那时引进的新批评具有其特殊的方法论上的重要性。

(三)

文学批评方法的改进和创新,在文学批评发展的历程中占有重要的地位。黑格尔说过,"手段是一个比外在合目的性的有限目的更高的东西——犁是比由犁所造成的,作为目的的、直接享受更尊贵些"。如果说实用批评及其成果是一种有限的目的和直接的享受,那么,批评方法的变革,则是批评史中创造活动的质的飞跃的集中表现,是一种更高的思想结晶。当然,这种变革并不等于要抹杀和抛弃一切传统,正如爱因斯坦所说:"新的理论的建立不同于拆毁旧的谷仓,而代之以建起高楼大厦。它倒很像登上可发现新的广阔的境界的更高峰,看到了我们的出发点和绚丽的四周之间的出乎意外的联系。在那里,我们的出发点是可见的,但已经显得很小了,它只是呈现在我们面前的广阔的景色的一个极小的部分。"爱因斯坦这个比喻不仅适用于他的相对论与牛顿经典力学的关系,也能启迪我们更好地理解现代文艺批评既与传统批评相沟通又超越了它的辩证关系。

本世纪三四十年代在欧美兴起的新批评学派,并不是一个背离人类文明发展大道的畸形怪胎,它的奠基人艾略特(T. S. Eliot)就是一个极力强调在文学传统与当代文学之间有一种同存结构的具有深厚古典文学修养的大师。但是,作为一种以现代哲学、美学语义学各方面新成果为理论根基的新批评,它比起传统的批评又具有三个突出的特点:

一、对文学本体性的注重。新批评派认为文学的本质在于它的虚构性、创造性与想象性,在于之所使用的材料——文学语言的多义性、情感性和符号性。文学家利用语言处理或创造出一个虚构的想象新的世界,一个多样统一的整体,一个多层次的按照某种审美目的组织起来的符号结构。因此,文学批评应该以作品为中心做向心运动,一切背景材料的组织都应为作品批评服务,而不是从作家个性、社会环境、心理素质、时代风气、创作宣言等外在因素出发,以这些外在性的材料的研究为依据来对作品作出"因果性"的判断。颜元叔在《朝向一个文学理论的建立》、《单向与多向》等文中多次强调了这一观点。他深入浅出地指出:"新批评的第一原则便是就文学论文学。就是:第一,承认一篇文学作品有独立自主的生命。第二,文学作品是艺术品,有它自己的完整性与统一性。第三,所以一件文学作品可以被视为独立的存在,让我们专注地考查其中的结构与字质等等。""新批评认为作家的传记因素与历史的时空因素,只是作品形成之激素与粗材。"如果批评家只听究传记资料与历史资料,那就是喧宾夺主了。

着重于文学本体的批评,也就是重视文学作为一门艺术的特有的审美意义,这是艺术的觉醒与争取自身的独立价值的一种趋向。这种批评要求批评家更大限度地去发挥自身在批评中的审美主体作用,要求批评家在更大程度上去发现和清楚地分析出(而不是含糊地点到即止)作者自己未曾发现或仅是朦胧地意识到作品的艺术内涵,帮助读者更深刻地把握作品内在的丰富含义,培养更为精细的审美鉴赏力。

二、对文学整体性的强调。新批评派认为传统批评中内容与形式的二分法无法解释多姿多彩的文学作品,它不是陷入老套就是遇到麻烦,既与作家以特定情感为动力从总体上形象地把握世界的艺术创造途径背道而驰,也支离破碎了读者审美境界的整体美感。因此,应把文学作品看成是一个为某一特别的审美目的服务的多层面的有机结构。初看上去,这种批评似乎是一种形式主义,其实不然。新批评家都推崇能容纳更丰富深邃人生意义的作品,但他们认为不能仅从题材上(当然更不能从作品中的人物语言和片断情节中）断章取义地寻找某种教条的陈述，就作品某部分所具有的哲学思想、历史思想、政治思想来判定它的高低。当这些思想还未与文学作品的肌理真正交织融合成一体，它就只是外在的、附加的，是美的有机体上长出的赘疣。直言之，文学作品的潜在意蕴（新批评常称之为总体象征或神话）只能从对文学作品中各个元素有机组织起来的意向结构中去把握，要判定作品思想价值的高低也只有根据那些抽象的意义是否已化为形象。颜元叔在他的实用批评中是把握了这一原则的。如在他对台湾现代诗的分析中，他总是先着手于诗歌的音响、韵律，探求其意象是否明晰统一，能否形成前后呼应的意象结构，给读者提供一个确切的感触方向——用他的话来说，一个定向迭景，然后再去评判这一结构中所孕涵的哲理深度。例如，他认为，叶维廉《愁渡》诗集中的诗用语精确、结构谨严，但"他在题材与主题是比较缺乏时代性的。我们常在现代西洋诗与中国诗中见到的那种悲剧感，或缩小而言，悲哀感，叶维廉的诗不多提供"。在分析了梅新《风景》、《我的母亲》、《小猫》三诗的音响、字质及结构后，也指出"梅新能给我们丰厚的美学快感，但他还没有给予我们生命之痛苦的煎熬"，期望诗人梅新把自己的文字才华，"灌注到一些重大的主题上去"。从他的其他批评文章中，也可以看出他力图时时在他"文学批评人生"、"文学是哲学的戏剧化"的文学观与"就文学论文学"，强调文学自主性的批评方法中保持一种统一性，他总是把后者作为第一层次的工作，然后再以前者作为更大的参照系。当然，如果有些作品的思想内蕴过于单纯，如一些中国古典短诗，他也就不再要求它的题旨能承受和包容更深刻丰富的人生意义了。这种情况下，他的批评是一种单纯的美的剖析。

三、使文学批评更加严密。新批评是一种美学的批评，从某种意义上说，又是一种科学的批评，因为它企图把美学研究的中心集中在与审美判断有关的语言问题上，对文学作品中所使用的语词、句子和意义作精密的语义分析。在这种分析中批评家必得对语义学、符号学、音位学、修辞学等学科有所了解，也常把这些学科中的严密细致的研究精神贯穿到文学批评中来。新批评派在长期的发展过程中创立了一整套批评术语（如张力、矛盾语、反讽等）和特有的批评程序，使文学批评有章可循、有法可依，尤其对于中国传统批评重直觉了悟的感受和语焉不详点到即止的表述方式有极大的冲击。

当然，新批评也不是包医百病的万全药丸。作为一种批评方法，它必然只能选择、强调与突出它特有的批评视角，而不得不忽视或放弃对其他方面的考究。如它强调微观分析，不免在总体性的宏观把握上显得薄弱；热衷于对作品美的内涵的仔细推敲，也常导致无法腾出更多的笔墨来考察这一作品在整个文学大系中的地位，它有一整套的批评程序和常用术语，也可能因此使一些缺乏艺术感受力并对所要批评的文学对象的传统不甚了了的批评者以偷懒的机会，不顾具体的批评对象生搬硬套，成为他们写升等论文的新式八股。

对于新批评的弱点，颜元叔也有所察觉。在介绍新批评之初他就说过，"近两三年来，我也对新批评抱批评态度。它过分局限于形式与美学的探讨，忽略了文学的外在关系"，不过"新批评的理论手法，作为文学的内在研究，仍是最好与最有效的途径"。后来，当有人非议他提倡与运用新批评时，他又指出："在我国，传统的文学研究过分注重文学的外在关系，以致产生错觉，把外在视为内在，把历史传记视为文学本身，因此，我以为应该积极提倡文学的内在研究，矫正这个流弊。"他还根据自己批评实践，不断去充实新批评方法，对新批评的一些术语，如张力、词构也作出自己的解释。他经常指出应该避免机械地使用新批评的方法，无视具体作品，一律使用新批评固有的几个术语。应该说，颜元叔对于新批评的认识是清醒的而不是盲目的；他对新批评的提倡与运用，也并非唯新是鹜，而是针对中国文学批评现状的有的放矢。

（四）

毋庸讳言，综观颜元叔早期对台湾现代诗、现代小说及中国古典诗词的批评，并不指称得上是尽如人意的传世之作。他大都着眼于对单篇作品或几篇作品的细读缕析，不能达到高屋建瓴式的鞭辟入里。对此他后来也曾自嘲为"莽撞的尝试"。夏志清、叶嘉莹也都曾撰文批评了他。

不过，我觉得，我们不单要在一些枝节问题上对颜元叔的早期批评作些分析。更重要的是从当时台湾文坛文学批评的现状出发，来评价他对新批评派的引进和运用的开拓性意义。过多拘泥于他的实用批评所达到的水准，而不愿对其尝试阶段的粗糙生硬及矫枉过正之处采取一种宽容的态度是无补于事的。应该看到，自从新批评在台湾文坛兴起之后，文学批评科学化、美学化的许多重要课题都被更充分地揭示出来了。如何使中国的文学批评更为现代化，如何更好地借蕴西方现代文艺批评，已引起台湾的文学研究者更大的关注。王晓波、李国伟都在《中外文学》上为文对颜元叔的尝试表示支持；文学评论家朱炎、陈芳明都写了两万字以上的长文肯定了颜元叔的早期文学理论的重要意义，并对其具体作法提出商榷意见。陈芳明认为，"每一种新知识的崛起，往往同时兼有优劣两面，新批评的诞生自不例外，虽然新批评在西方文学界已经式微，对于中国来说，却还是一门非常新鲜的学问"。称颜元叔对新批评的引进，"多少已刺激了一些批评的风气"，"对于沉寂已久的中国文学批评，当可以收到推波助澜之功"。诗人兼诗论家洛夫虽不同意颜元叔在《细读洛夫的两首诗》中对诗作的一些具体分析，但也认为颜文"可说是中国当代文坛（指台湾——引者）有诗评以来最为痛快淋漓的一篇文章。"颜元叔的批评"确已为批评界开创了一条新途"。

颜元叔有一本散文集叫《鸟呼风》。在此集的跋中，他勾画出一幅图景："长风万里，吹入枝桠光秃的丛林，吹得树上那只外号拳头鸟的孤独鸟，羽毛像刺猬般的立了起来。这时，那鸟开始呼叫，呼叫呼叫；它越呼叫，风刮得越大。风刮得越大，它越呼叫"，"它整天整夜，一年到头，直至累死，皆在呼风……它必先把喉咙呼哑、呼裂，而后流血，而后啼血，而后一命呜呼"。从这幽默调侃的笔触上，我们不是能发现作者自况自嘲与自励的意味吗？相信颜元叔先生还将继续呼叫下去，让温煦的风儿吹个不停，吹遍海峡两岸的中国文坛。

（原载《台湾研究集刊》1987年第2期）

文学的民族论者和社会写实论者

——论颜元叔

古继堂

一提起颜元叔,人们便以一种强固的眼光把他与"新批评"牢牢地拴在一起。仿佛除了"新批评"之外,颜元叔的文学理论中再无其他内涵,其实,这是一种误解。颜元叔在台湾文坛是个文学理论大家,他的文学理论建树是丰富而多面的。"新批评"只是屋宇之一角而已。颜元叔的文学理论之重点,还在于他的关于"民族文学论"和"社会写实文学论"诸方面。

颜元叔,1933年生于湖南省茶陵县,1956年台湾大学外文系毕业,1962年获美国威斯康辛大学英美文学博士学位,曾任台湾大学外文系主任,现任该系教授。曾创办《中外文学》和《淡江评论》等刊物。主要论著有《文学的玄思》《谈民族文学》《何为文学》《文学的史与评》《文学批评散论》《社会写实及其他》《颜元叔自选集》《文学经验》等。译著有《西洋文学批评史》等。颜元叔在文学理论方面的主张和贡献主要有:

一、文学必须是民族的。颜元叔认为:"大抵言之,任何文学皆是民族文学,文学之创作必定是某个人的产物,这个人必定属于某民族。他的一切情感思想及表达方式,必定属于他的民族;尤其是与其他民族相比较,更能显出其民族之特性。"颜元叔关于民族文学的理论,既是对中国传统文学研究的结晶,也是对世界各国文学观察之结论,这一理论所含纳的内容相当丰富。

他认为：

1. 民族文学的职责在于发掘民族意识，塑造民族意识。而民族意识是一个文化含义的名词。它的内涵是经由各种文化形式进行表现的，在诸多文化因素中，艺术是其中坚，艺术表现之中文学又是中坚。所以"民族文学汲源于民族意识，创造了民族文化。"也就是说，民族意识是民族文学之源，而民族文化又成形于民族文学。

2. 民族文学不仅仅是一个价值名词，它包含一个民族的成员创造的一切文学。无论是好文学或坏文学，优文学或劣文学。

3. 民族意识与民族文学的关系，是互相依存，互相吸收和补充的，不是互相矛盾和对立的，是你中有我我中有你的，不是各不相干和各行其是的。他说："其实，民族意识与民族文学，相互提供，相互塑造。民族意识需要以民族文学为表达，民族文学也为民族意识塑造了形象。"颜元叔认为，当今的中国文学没有妥善负担起塑造中国民族意识的大任。中国近百年的巨变、大声疾呼文学进行表达，而作家们却多数充耳不闻。

4. 民族文学与民族文化的关系。颜元叔认为，一个没有民族文学的民族，它就没有文化；一个没有民族文化的民族，它就没有民族历史，一个没有民族历史的民族，它就没有民族的自我。那么民族文化、文学、历史和民族本身关系的公式便是：民族文学＝民族文化＝民族历史＝民族自身。民族文学作品和民族文化的转变关系是："读者群愈大的文学作品，其形成文化格式之力量愈大；读者群愈小的作品，其形成文化格式的力量亦愈小。"颜元叔运用其民族文学之理论，对中国整个现代文坛和台湾当代文坛的现状进行了分析。他认为，由于外国文化的侵袭，已使国人的脑海里和心灵中，装满各种混沌的观点和看法，情操与感受。于是什么是中国性的，什么不是中国性的，便丧失了明确的界说，由于外来文化之侵袭，造成民族自信心的丧失。所以当今中国作家需要以意志的力量去发掘中国的民族意识，力求了解这种民族意识为何不同于外国的民族意识。他恳切地说:"当今的中国人想得到民族意识,就非得追求不可了。"他预言:中国、西洋、东洋意识杂陈的局面,"应是一个过渡时期的现象,而且这个过渡时期可能是另一次大融合的前奏"。接着颜元叔分析了台湾文学西化的情况。

他认为:"我们的作家无论在文学形式与文学题材上,大体皆为西洋的文学所征服,以致有些文学作品似乎只是用中国文字写成的西洋翻译品。譬如说,近二十年来在诗坛上弥漫着处理死亡的诗篇,而其对死亡的态度,显然抄袭了西方的诗人……近年来许多艺术形式中,我们发现一个相当奇异的现象,即以西洋人的价值尺度来评估中国的人生,完全忽略了中国的价值观念。"颜元叔几乎以疾呼的口气说:"我认为积极发掘中国意识是当前文艺工作者的急务。我们并不排斥外来的影响,我们的文化应有包容性。但是,我们应当知道什么是什么。"

颜元叔和广大台湾有识之士一样,看到台湾文学中恶性西化,民族意识、民族个性、民族自我沦丧的严重情况,忧心如焚,并大声疾呼。这充分表现了一个爱国知识分子的爱国情感和良知,它代表了受挫的中国民族意识和民族灵魂的呐喊。它对促进台湾文学向民族、向母体文学的回归,有着良好的影响。颜元叔关于民族文学理论的论述,尤其是关于民族文学与民族意识的论述,虽有不尽科学之处,但总体上是积极的,是在台湾建设中国民族文学,恢复台湾文学的民族精神,体现中国文学价值观的重要理论依据。这一理论在以往的反西化斗争中和当前的反"台独"文学思潮的斗争中,均是有力的武器。

二、文学必须反映时代和人生。文学是一个十分广阔而辽远的世界。文学的主张和理论五花八门,但是,凡是积极的、进步的文学理论,都必定是推动历史和时代前进的,都必定是关怀和反映现实人生的。颜元叔说:"文学有许多功用,其中之一应当是帮助读者了解周遭。视而不见是人类的通病,缺乏透视与反省,使人们浑噩漂浮于时流之上。社会意识文学是一块磨刀石,它磨砺读者的感受与观察,加深他们对周遭世界的了解,社会意识文学是一架显微镜,帮助读者观察到微末而重要的东西。文学应当引领读者注视社会现象,并且透过社会现象做深沉的观察。"在颜元叔看来,一个社会意识文学作家,还应该是"一个社会批评家"。也就是说,文学必须写出社会最本质的,有永恒价值的东西,使人们从中受到启迪,获得深邃的哲理感受。故颜元叔提出两个口号:即"文学是哲学的戏剧化"和"文学批评人生"。他认为两者应当互相配合和呼应。"文学是哲学的戏剧化"是指文学作品的创作经过,而"文学批评人生"是指文学的创作目的。而这种文学"不能单凭感受,更不能单凭所谓纯粹经验;它必须是以知性领导感性的创作活动,它必须是为人生而创作的艺术;它有一个使命,便是反映与批评人生。"有社会意识的作家"应是心怀悲悯与爱怜,为当前的人生留下忠实的画像"。颜元叔所主张的这种文学,其实就是关怀下层劳动者的生活和命运,为他们而歌而唱的写实文学。他说:"我们期待的文学,应是写在熙攘的人行道上,写在竹林深处的茅舍里。"他认为当前的台湾文学,还远远够不上社会意识文学的标准。因为它"普遍缺乏时代之反映,缺乏当代的社会意识——至少多数作家如此。"他认为习常见到的台湾文学作品,大体上分为两类,"一类是古远的,一类是内向的。古远的在于宣泄乡愁,内向的近乎编织梦寐"。颜元叔这里所说的台湾文学作品,大概指的是50年代的反共八股作品和60年代台湾现代派的小说作品,而没有把目光投注到乡土文学的小说。比如黄春明、陈映真、王祯和、王拓、杨青矗创作的关于台湾农民、小知识分子、工人、渔民的小说,恐怕就不能归入古远和内向之列了。

三、文学的主题论。颜元叔所倡导的"社会意识文学"似乎就是现实主义文学,或者叫作写实主义文学。这种文学与超现实主义文学是相对立的。这种文学主张"以文载道";主张"为生命"而反映人生作为文学的"道德的基石";主张文学作品必须有明确的主题。颜元叔说:"文学的中坚如悲剧、史书、小说等,莫不有其主题。果然,许多作品在写作之初,只有一个萌芽的主题,或者一个非常朦胧的概念,但是在写作的过程之中,这个主题便会发展开来,明朗起来。有时候一个主题已经确定,在写作过程中却被另一个主题取代了,或者修正了。然而,无论如何,写作必有主题作为起点,作为归宿。即使那些信仰自动写作的人,自称完全依潜意识的驱使而随意地写,然而他的作品终必有一个主题,否则可能溃散不成篇章。有些作家常说灵感创作,可以不经过构思或组织程序。其实,灵感只是有意识长期培养的结果。一个文盲会有文学灵感吗?此外神来之笔也只是有一笔两笔吧?谁能靠灵感一气呵成一部史诗或小说?因此,想建造一艘文学的海轮,先敷一条主题的龙骨似乎是必要的。我以为一篇作品的伟大与渺小,与其主题的深广成正比——注重形式的新批评家一定不会同意我的观点。我以为技巧是附带的,是为主题服务的。"他认为一部作品不能没有主题。那种排斥主题的做法,只是文坛的一种时髦病而已。

四、社会写实文学论。颜元叔在《社会写实文学及其他》一书中讲的社会写实文学理论和他在《谈民族文学》一书中所讲的"社会意识文学",其实是一码事。它们的内涵基本上是一致的,只是提法不同罢了。所不一样的是颜元叔在"社会写实文学"的概念下,把这一理论论述得更系统和更完整了。颜元叔认为,社会写实文学有其特定的内涵和定义。"社会写实主义便是摆脱任何政经的或理念的成见或视角,就事论事捕捉当前的社会人生真相。于此,社会人生的含义有三:其一,社会写实文学描写的人生应当具有社会性,无社会性的人生,如隐士生涯不是社会写实文学的对象。其二,社会写实文学描写的人生应当具有社会代表性,凡属一人之私而无共同性的人生,不包括在内。其三,社会人生也意味着个人与群体之间的交互关系,也就是说,是社会写实文学应该探讨个人与社会间盘错的网络。所以，社会写实文学焦点是个体与群体的关系及处于群体内的个体反映。"颜元叔倡导的社会写实文学有以下主要内容：

1. 人本主义为思想基础。在颜元叔看来，文学是人本主义的产物，文学总是以人为中心，从不描写人以外之物，即使写天堂写地狱，写上帝写魔鬼，都是人的影射物。因此"人是文学的唯一主题，文学的唯一题材是人。人本主义的价值观，应该就是文学的价值观。"从这一观念出发，颜元叔把"人本主义"作为文学的思想基础。他写道："我以为社会写实主义若是需要一个基本理念，还是以人本主义较佳。因为，人本主义是最辽阔的一种视角，甚至可以容纳各种视角。"

2. 把作家的思想与人格分为两个区域，即"创作区"和"意识区"。"创作区"是作家个人的人生经验层面，这是一个有限的，作家熟知而能运用自如的生活时空。但是这个小天地可能限制作家的创作目光和视野，会导致作品的片面和狭隘，因而需要一个以"创作区"为中心向外拓展和扩张的更大的时空，这个时空就是"意识区"。如果把"创作区"称之为"点"，那么"意识区"就是"面"。作家进行创作活动时，需要把"点、面"结合起来，以点为依据，以面为参照，如此才能使作品既扎实又深广。颜元叔说："一个好的写实作家以人为中心区，以人性为核心，次第以同心圆的方式，扩大他的兴趣——这也是'组合'与'思考'的功夫。"

3. 社会写实文学应该有广博的知识作为基础。因为这种文学描写的不仅是人的感情层面，也不只是人性的永恒现象，它必须着力认知一个特定时空中的现象和问题。它会涉及社会、经济、政治等问题。"构成了达成人生人性的格式，对这些形式缺乏确实的了解，人性人情无法表现其时空性。"

4. 社会写实文学止于"只说不做之境"。也就是说，作家只管指出社会问题，而不要动手去解决社会问题。"文学的实际效益在于形成认知,造成心态,而认知和心态则是一种潜能和积累","当然,他可以说了又做,采取行动去解决社会问题,这时他的身份已变,已经由文学家变成社会工作者。"

5. 社会写实文学的题材有一定的范围和限制,这种文学的题材大体上可分为两类:"一类是以社会问题为背景,去探讨其间的人性运作,已如上述;另一类是描绘并无问题存在,其间的一般社会人生。我甚至认为后者比前者,更应是社会写实的题材。"

6. 社会写实文学作品,必须同时具备社会写实性和表现方面的艺术性。而艺术性的要求是:"文学的艺术条件最终极者,在全篇上,必须具备有机统一性;在局部上,必须具备生动性。"颜元叔倡导的社会写实文学有许多优越性,它在台湾文坛西化之风劲吹,欧风美雨齐下,现代派极端形式主义的作品风行的背景下提出,不仅具有相当的理论价值,而且具有切实的实践意义。它把文学从"山在虚无缥缈间"拉回到大地上来,拉回到人的社会中来,强调文学是人学,应以社会活动的人为中心等,都具有十分重要的意义。

(原载《台湾新文学理论批评史》,春风文艺出版社 1993 年版)

文学文体学分析方法下的颜元叔散文研究
——以《走入那一片蓊郁》为例

陈 丽 夏家楠

一、引 言

颜元叔作为台湾"十大散文家"之一,先后出版过十七本散文集,以其独特的慵懒、诙谐、平实、深情的文风在台湾享有极高的声誉,但在大陆不甚有名。针对颜元叔的研究都主要着眼于其文艺理论,如古继堂的《台湾文学中坚持进步的民族主义文学理论的两大柱石——论尉天骢与颜元叔》等,针对其散文作品的相关研究却比较少,从文体学角度分析其散文特点的更是寥寥无几。本文试用文体学的方法对颜元叔散文风格进行分析,并探究风格形成的原因。

二、颜元叔散文的文体分析

(一)语音
1. 音韵美
《走入那一片蓊郁》通过押韵的形式,增强了散文语言的音乐性,如:
①厚茅的墙,蹲在相思林深处的空地上……
②钟振的细密声浪,当使他的袍裾飞扬作彻彻响……

其中的"墙"、"上"、"浪"、"响"等均上下押韵，带有传统诗歌的韵律特色。同时，本文也运用了大量的双声、叠韵、叠声词，如"追逐"、"矫健"、"葡萄"、"徘徊"等双声词，"晶莹"、"明净"、"吐露"、"前面"等叠韵词，"单单"、"片片"、"潺潺"、"冉冉"、"薄薄"、"密密"、"嘎嘎"、"阵阵"、"层层"等叠声词。这些双声、叠韵、叠声词错落有致的融入，使得整篇散文音韵婉转清朗，表现了散文轻灵跳脱的唯美意境。

2. 语调美

本文在语调上多采用谈话式，将所感、所想、所叹缓缓道来，给人以亲和自然之感。在《走入那一片蓊郁》中，开篇第一句话便是"这怎么行，换成球鞋吧，是要爬山的"，起笔以一种犹如正在交谈的方式让人有真切自然之感，同时也为整个文章定下了语言平实自然的和缓语调。本文在谈话式语调中又加入了平仄律，使语调富有疏密、长短、扬抑、轻重的节奏美和回环往复的旋律美，进而为思想内容的表达增加了艺术的感染力[1]。如：

③一条不长的巷道，两侧立着龙柏，龙柏后蓬着扁豆的藤萝，紫红的晚花如张鸣的鸟嘴，挂着更子的豆荚。

句子中相关的音节"巷道"与"藤萝"、"龙柏"与"豆荚"平仄相对立，体现出整个句子在平仄变化中的语调美，也有效地刻画出"巷道"之美。

3. 节奏美

散文语言音乐美的主要手段便是自然和谐的节奏，清代刘大櫆曾说："文章最要节奏，譬之管弦繁奏中，必有希声窈渺处。"[2]本文节奏分明，通过语言形式本身的变化统一带来的节奏感与创造的唯美意境相结合，使散文节奏达到更高层次的和谐，即语言节奏与生理、心理节奏的和谐[3]。如：

④将要下山的太阳把橘汁的光从背后，越过肩，拂过发，顺着眼，将身影修长地投到淡橙色的路上，从路上跃起，扩散开

去,拂染了一切……

看似是长短不一的散句,但长短交错、整散结合,读起来朗朗上口,通过真情实感的表达,自然地形成了语言节奏的和谐。

(二)语汇

1. 颜色词的使用

此处讨论的颜色词主要指基本颜色词、含有颜色的词汇及广义上描绘颜色的词语。本文中颜色词的使用十分精准巧妙,以下面两句为例:

⑤太阳光落在那座高山的背后,从高山的背后再落入海里。将要下山的太阳把橘汁的光从背后,越过肩,拂过发,顺着眼,将身影修长地投到淡橙色的路上,从路上跃起,扩散开去,拂染了一切,望野尽在橙汁里。

⑥为什么?这只矫健的白鸟,徘徊在淡墨的暮里?

在⑤句中接连出现了"橘汁的"、"淡橙色"等十分相近的颜色词,用橘汁的浓烈颜色比喻落日的耀眼,将道路的灰色与光芒的金色结合后的颜色描绘为"淡橙色",又与后文的"橙汁"有所不同,三种颜色层次分明,错落有致;⑥句中的"白鸟"与"淡墨"近乎一黑一白,对比强烈。颜色词的使用使得本文画面感强烈,增强了文章的表现力。

2. 用词的口语化倾向

整篇散文具有口语化特点,淡然平和,从词汇上来说可分为两个部分。其一,文中涉及的形容词基本上控制在3个字以内,用语朴实,简洁不繁琐。形容词仅出现过如"意兴飞扬"、"重复千遍"、"幽僻荫覆"等为数不多的四字词语,并未选取成语、俗语等。其二,散文中出现的名词大多为单纯词及偏正结构合成词,意象选取较为常见。单纯词有"太阳"、"山"、"海"、"鸟"、"路"等,偏正结构合成词有"黄土"、"细沙"、"晚花"等。这些词汇都为身边随处可见之物,加强了本文的亲和感。

(三)句式与修辞

1. 整散结合、长短交错

本文句式整散结合的特点表现得相当突出。每一自然段都含有大量整句，仅第一段的十句话中就有四句为整散结合句。如：

⑦将要下山的太阳把橘汁的光从背后，越过肩，拂过发，顺着眼，将身影修长地投到淡橙色的路上。

其中"越过肩，拂过发，顺着眼"三个三字节分句为整句，以"V过N"为格式替换谓语、宾语，与中国传统骈文有异曲同工之妙，具有韵味；整句夹杂在前后两个散句中，整散结合，增添了灵动气息。整句使得句子尽显铺排之势，渲染气氛[4]；散句则使句子自然流畅，亲切生动。从句子长短来说，文中长短句交错的情况也较多。如：

⑧薄底的球鞋底，轻快的腿胫，跳着，跃着，跃着，跳着，顺着西下阳光的指向，走向那山，走向那山后的山。

其中"跳着，跃着，跃着，跳着"都为短句，"顺着西下阳光的指向"相对较长，"走向那山"又较短，其后再接长句，长短句错落有致，快慢结合，节奏感强烈，给人以美的享受。

2. 大量问句的使用

全文中共出现 29 次问句，从是否有疑而问来说，询问、反问和设问均有涉及。从疑问句的结构形式特点和语义情况分类，疑问句中的特指问、选择问在文中都有所表现，有时也有混合使用的情况。大量问句的使用体现了作者的求知欲与探索欲，极为诗化的写作风格颇有《天问》的遗风。其例如下：

⑨微皱的双眉，欣喜的眼，岂非站立在地灵的中央？（反问句）

⑩为什么必须爬上那个山？不为什么，却也为了什么。（设问句）

⑪这相思林间的茅棚，里面究竟是什么？（特指问）

⑫要登上那个山，应该走这条路？还是这条路？还是这条路？（选择问）

⑬是鸥？是鹭？总之，是一只纯白的鸟儿，在盘旋。（混合使用）

反问句是无疑而问，可以加强句子语气；特指问所问指向明确，多次在文中出现，表现出作者强烈的探究与求知欲。这两种问句能增强句子感染力，使情感更为鲜明强烈。设问句因其基本特征是自问自答，答在问后[5]，故至少有一个陈述句来解释疑问。本文中的选择问则多用选择问句群[6]，由两三个短单句共同组合而成。这两种句子往往不止一个单句，能够形成相应句群，前后照应，增强气势，又仿佛与人分享，大大增加了真实感与互动性。

3. 借代

文中多次出现借代手法，如：

⑭轻快的脚步便走入相思林深处了。

⑮薄平的球鞋底，轻快的腿胫，跳着，跃着，跳着，顺着西下阳光的指向，走向那山，走向那山后的山。

⑯晨钟里，神祇下降；晚钟里，神祇上升。

以上例句中，⑭句、⑮句中的"轻快的脚步"和"球鞋底"、"腿胫"都是无法"走"的，在此处是以部分代整体，代指作者本人；⑯句中"晨钟"和"晚钟"则分别借代清晨与黄昏，是以特征代本体。借代手法其一使语言富于变化性，提升了阅读的美感，丰富了表达的意象；其二避免了主语的直接使用，尤其是在前两句中，使读者增强了代入感。

4. 反复

反复修辞手法的使用是本文的另一特色。除了基本的连续反复与间隔反复外，作者还对反复的谓词性短语进行了拓展，拓展部分主要为状语或定语。其例如下：

⑰绕着走，绕着走，绕着一座无门的茅棚走。

⑱在黄土与细沙的床上，山涧编织着鱼尾纹，编织编织着鱼尾纹，从两边织入，不断从两边织入，不断编成透明的鱼尾纹。

⑰句中对"绕着走"进行了两次基本反复,第三次时对原本的状语"绕着"后增加拓展成分"一座无门的茅棚";⑱句中对"编织着鱼尾纹"稍作变化后基本重复两次,并在间隔反复的最后一个分句中增加了拓展成分"透明的"。反复咏叹并加以变换的手法,能较好地抒发情感,增添了行文的音乐美。

(四)句法结构

1. 主语的省略

全文中没有直接出现人作为主语的句子,采取了省略手法或以特征及部分代替人作为主语的借代手法。借代手法在上文已经讨论过,这里主要讨论主语的省略。例:

⑲停住,弯腰,蹲下,细看那小溪怎样编织它的鱼尾纹;然后……

⑳走过千百条巷道,走入千百条巷道,何曾走入这样的巷道?

⑲句中前一个分句中先连用三个动词,后接动词性短语,四个分句都作为具有先后顺序的谓语存在,但应有的主语(某个人)却被省略。同理,⑳句前两个分句都为动词性短语,第三个问句也只由疑问词与动词性短语组成,都省略了作为主语的人。省略主语的句法接近于古代汉语和古、现代诗歌,缺乏一般现代汉语句子结构的严密化[7],一方面更具古韵;另一方面,因为缺乏实际的人物充当主语,因此主句具有模糊性,读者可以将任何人包括其自身代入,更贴近读者,令读者身临其境。

2. 特殊句法结构

本文中有部分句子的句法结构与现代汉语的一般句法结构不同,采取了较为特殊的语序。

(1)谓语前置

㉑原语序:都是冉冉的,钟振的细密声浪,当使他的袍裾飞扬作彻彻响,由远而近,在清晨,由近而远,在黄昏。

调整语序:当钟振的细密声浪使他的袍裾飞扬作彻彻响,在清晨,由远而近,在黄昏,由近而远,都是冉冉的。

此句句意实际上为钟振的"细密声浪"与袍裾的"彻彻响"在清晨和黄昏远近交替响起,其声音都是冉冉的,但调整语序前后都缺乏句法上的主语。在这里笔者根据句意择出主语"细密声浪"和"彻彻响",将谓语"都是冉冉的"放在了两个主语之前,形成了谓语前置。

(2)状语后置

仍以上句为例。在后四个分句中,"在清晨"和"在黄昏"都为时间状语,按照现代汉语习惯一般都放在主语之后谓语之前,而英语的状语除表频率的副词之外则往往放在句尾[8]。但此句状语后置,采取了古代汉语与英语中都曾出现的句法结构,起强调作用。

(3)定语后置

㉒原语序:脚步参差在参差的路面,欲倾欲坠的步履激起阵阵惊笑,像鹌蛋般圆滑,滴溜。

调整语序:脚步参差在参差的路面,欲倾欲坠的步履激起阵阵像鹌蛋般圆滑、滴溜的惊笑。

此句中的"像鹌蛋般圆滑,滴溜"是"惊笑"的定语,但放在了中心词之后,甚至整个句子的最后,同时定语为动词性短语。这种句法结构同样都曾出现在古代汉语与英语中,但古代汉语中定语往往较短,与现代汉语中定语的复杂性也无法相比,此句的定语后置更倾向于英语中的定语从句。

三、颜元叔散文文体风格成因分析

颜元叔的散文文体风格成因大致有以下三点:

一是他深厚的民族文学底蕴。颜元叔 1933 年出生于南京,幼时又迁往老家湖南茶陵,目睹了艰苦的八年抗战,直到 1949 年才举家迁台。数十年的祖国文化熏陶与特殊的历史时代背景带给他巨大影响,中华传统道德观念及"五四"以后的新文学理念每每体现为其行文中的中国古典气韵,具体包括散文的音韵协调以及句式的整散结合。前者在运用押韵的同时也加入了平仄,使散文语调富有疏密、长短、扬抑、轻重的节奏美和回环往复的旋律美;后者则给人以中国古典骈文的韵味。

二是他深受西方教育的熏陶。颜元叔接受过深入的西方教育,受到过西方文艺批评的影响,并且从事过英语教育工作,这些经历对其散文创作产生了相当的影响,体现为其散文中的"欧化"现象。其散文《走入那一片蓊郁》在语音、句式和句法结构等方面都体现出了"欧化"的特征。在散文的节奏美上,颜元叔有其不同于中国传统散文的独特节奏,其散文长短交错、整散结合,长句不冗长,短句活泼灵动;用词平易朴实,较少出现成语和中国古典的四字词语。这种欧化的现代散文节奏驱除了汉语的诗意,但又创造了一种新的诗意,让人既体会到作者的性情,又觉得诗意盎然。在散文的句法上,颜式散文中出现了许多特殊的句法,如谓语前置、状语后置、定语后置等,这些句法几乎都是受英语句法的影响。在整体风格上,颜式散文有一种异于古典美的亲切自然。他的散文中多处省略了主语"我",这看似削弱了"我"的思想,但其实是让"我"的思想表达更加自然,在让读者身临其境的同时,也让其体会到"我"的个性。此外,文中大量使用的问句,或是"我"的自问自答,或是虚拟与读者的问答,坦率而不直白,自然而不造作,也都是"我"思想感情的外化。以上两点与西方散文表现日常生活经验与人生体验,强调作者思想与个性的主张不谋而合。

三是他个人性格的真诚率直。在《知无不言》中,颜元叔曾感叹:"知无不言,言无不尽,常常会'逆火'——就是一开枪,子弹还没有打着敌人,弹壳倒打上自己的右眼。"[9]此感慨是他自己的"直言不讳"。在其散文创作中,他的个性影响表现为其叙述的自然真率,多用商量语气和问句,以达到与读者沟通、把读者从"陌路人"化作"枕边"听众的目的,但这种距离的拉近又是自然的。问句的使用看似直抒胸臆,却更像是一种引导,让读者"循声而去"、自我领悟。

注:

[1] 秦凌燕,梁华:《和谐的节律,现代散文语音形式美建构模式》,《广西社会科学》,2009年,第8期。

[2] 刘大櫆:《论文偶记》(第十二则),北京:人民文学出版社,1959年版。

[3] 阳海燕:《论散文语言的优美性》,湖南师范大学2002届硕士研究生学位论文。

[4] 龚悦耳:《整句的作用》,《语文天地》,2007年,第23期。

[5] 刘俊:《疑问句·设问句·反问句》,《语文天地》,2002年,第20期。

[6] 邢福义:《选择问句群形式》,《汉语学习》,1993年,第6期。

[7] 王力:《汉语语法史》,北京:商务印书馆,2005年版,第342页。

[8] 朱一楠:《汉语与英语语序差异比较研究》,《天津市财贸管理干部学院学报》,2004年,第1期。

[9] 颜元叔:《烟火人间》,上海:上海人民出版社,2008年版,第110页。

(原载《现代语文:上旬·文学研究》2012年第3期)

在娓娓道来中幽他一默

——颜元叔散文《我爱开会》的讽刺艺术

于 平

古今中外有不少擅长讽刺的作家和诗人，如契诃夫、巴尔扎克、莫泊桑、吴敬梓、鲁迅、老舍、张天翼、钱锺书、袁水拍……他们的作品在给人带来艺术享受的同时，也让人更深刻地思考社会与人生。

台湾的当代散文家颜元叔也是一位讽刺大家，曾与琦君、王鼎钧、张晓风等人并列为台湾"十大散文家"。他深谙琐细人生的家常趣味，从开会放假、街市菜场，到街边小吃、看病旅行，娓娓道来，异趣横生。《我爱开会》是他一篇颇有影响力的散文，以幽默的笔调表现了自己参加会议的心理，以及作为会议发言者的言行。文中运用了多种讽刺技法，值得细细玩味。

通过出人意料的叙述来达到讽刺效果

台湾文学评论家张瑞芬说，颜元叔写散文，有着很高的学问优越感与玩弄词语的兴趣。我非常赞同这一观点。《我爱开会》行文异常轻松，显示了作者高超的语言驾驭能力。在看似邻家大哥的随意述说中，又体现了作者较高的学问修养。

在《我爱开会》的开头，作者写道："朋友们没有不以开会为苦，我却是以开会为乐。凡事总有好坏两面；你专往好处想，往好处看,坏处也变成了好处。当年文天祥说:'鼎镬甘如饴,求之不得也!'你以为他真个胃口古怪——鼎镬亦甜得如新港之饴?非也!他的胃口很正常,他知道一锅滚烫的油是什么滋味,不过他往好处想就是了。一锅滚油有什么好处呢?其一,囚拘经年的人,营养必定不良,能够嘴里、眼里、鼻里、毛细孔里加点脂肪,岂不大补!其二,大牢之中,必定阴湿。若为冬季,更是酷冷;有一锅沸滚的油,暖暖冻僵的肢体,也是一大快事!其三,好处还多,不及备载。"

读到"其三",读者以为会有一个详细的"好处",然而作者笔锋一转说"好处"还有很多。这种表达完全出人意料,产生了强烈的喜剧效果。

通过细节描写来达到讽刺效果

所谓细节描写是指文学作品中对人物动作、语言、神态、心理、外貌以及自然景观、场面气氛等细小环节或情节的描写。

一篇散文如果没有细节描写,就不会表现得细腻逼真,淋漓尽致。颜元叔可谓是细节描写的高手,他善于抓住典型细节来进行铺陈,以此达到讽刺效果。

《我爱开会》在描写了一位"巾帼英雄"会场发言时写道:"(她)步履蹒跚走上发言台,十分钟之内,但听得麦克风'蓬蓬'作响,间杂着一连串的舌音、唇音、喉塞音,不知她说了些什么,到了最后,她好像是说要求主席和全体会员的原谅,因为她早起匆忙,忘了戴上她那一副假牙,于是哄堂大笑。"

冗长的会议令人生厌。对此,颜元叔通过"废话"的堆砌和对"废话"的描写来幽他一默:"虽然主席三令五申,发言要简单扼要,可是一部《二十五史》,从何处删减起!于是,只有从唐虞商周开始,浩浩荡荡,五分钟不够,十分;十分不够,二十分;二十分不够,四十分⋯⋯时间成几何级数增加,至若发言的内容，可以勾勒如下：'主席，各位先生女士，鄙人很荣幸有机会对这个题目发表一点个人的感想，关于这个题目，本人有七点建议，三点看法，五点保留，四点批评。第一点建议……以上是本人对这件事的全盘看法，为了方便记录，让我再逐一重述一下，也好使各位先生女士，把握我的要点……总之，我个人觉得这个事情关系太大了。我的结论已如上述，不过我还想补充两点……补充两点之外，本人还要附加三点……综合我个人的看法，我的结论是……最后我还要提醒各位两点……"

读罢这些文字，我们能不哈哈大笑？

通过运用修辞来达到讽刺效果

修辞可以表达出作者的感情，让文学作品更加吸引人，更能增加文章的幽默感。颜元叔便是通过大量使用夸张、比喻、颠倒词序等修辞手法来达到讽刺效果。

夸张是为了突出事物某一特征而形象地加以夸大的修辞方式。《我爱开会》中，夸张的运用比比皆是。如，"一般而言，会场里的冷气机，吨位奇大，因之响声若火车头"；"这类蛋糕，由承办人员精选，皆是隔夜上品，既重且油，拈在指间如石头一块，咬在齿间，如土砖一方。于是，你一块咽下去，晚餐可以免掉，次日早餐亦可减半。假若是吃中点，则一个千层糕，就可以在你腹内搭成一座七级浮屠，要它倒塌销融，大概要等上几个世纪。"

比喻就是打比方，是用本质不同而又有相似点的事物描绘事物或说明道理的辞格。《我爱开会》巧用比喻，让人忍俊不禁。如："夏天有人买票到电影院去打瞌睡，任你银幕上放映《战地钟声》《硫黄岛浴血站》还是《巨炮》，他稳睡若一头白日懒猫"；"有人发言，专用齿音，'嘶嘶'之声，若三月出洞之蛇"。

曾国藩曾将报送朝廷奏折中的"屡战屡败"改为"屡败屡

战"，堪称神来之笔。屡战屡败，是无用的废物；屡败屡战，则是英勇的斗士。词序颠倒的魅力由此可见一斑。在《我爱开会》中，为了获取讽刺效果，颜元叔也使用了颠倒词序的修辞手法："会场的点心，据本人多次开会的经验，分别为两类，即中点与西点……西点则总是蛋糕黑色、蛋糕白色、蛋糕红色、蛋糕黄色……"将各色蛋糕如此写来，让人瞠目结舌之后，不禁开怀畅笑。

  颜元叔学识渊博，人生阅历丰富，古今知识厚重，《我爱开会》表现出的讽刺没有予人剑拔弩张的感觉，更多的是一种学者式的智慧。这种讽喻风格既是性情淳厚使然，也与颜元叔低调的自我定位不无关系。

（原载 2011 年 12 月 14 日《今日临海》）

听取蛙声一片

倪 伟

颜元叔先生是享誉已久的台湾文学批评家、英语教育家。英语学习者对颜元叔这个名字当不至陌生,盖因其编著的多种词典、文法手册数十年里一直行销坊间,为人所喜爱。对台湾当代文坛略有所知者,想必亦不会不知颜先生在文学批评方面的拓殖之功。自60年代中期由美返台后,颜先生致力于将"新批评"方法引入对中国新旧诗及现代小说的研究,又创办《中外文学》、《淡江评论》两刊以为阵地,其影响之巨,一时无两,谓之台湾文坛祭酒,恐怕也不为过吧。吕正惠先生即称誉其为"1949年以后,开创了学院研究台湾当代文学现象的第一人"。

颜元叔还是一位出色的散文家,有十多本散文集行世,且曾位居台湾十大散文家之列,这却有可能是许多内地读者所不知晓的。此次世纪出版集团推出"台湾学人散文丛书",内收颜元叔散文一册,总算可以让广大读者一尝颜氏散文之鼎脔了。

在70年代,颜元叔曾力倡"民族文学"和"社会写实文学",强调文学要批评人生,发掘和创造民族精神,这一文学观在其同时期的散文创作中有鲜明体现。在这本选集中,《我爱开会》《哀哉肉体》《西餐请客》诸篇皆是讽世之佳作。《我爱开会》以戏谑的口吻大谈开会之"乐":可免费享受冷气、点心,与久别的好友促膝私语,还可一睹各位发言者可笑亦复可叹的言谈举止，所议之事辄不需你劳神费心，因所有提案、决议都已事先定好。《哀哉肉体》则是写看病就医之苦：病院如法院，任你英雄好汉，也只得乖乖听从白衣天使们的摆布——"人的肉体到了医院，就像猪肉上了砧板"，任人宰割，此时的你唯有自恨臭皮囊不争气了。对于这些人生经验，内地的读者自然并不陌生，读来想必会尤感亲切。

讽世亦有多种，有的利如刀，有切肤之痛；有的冷似冰，有彻腑之寒。颜元叔的讽世则以诙谐幽默为底，在笑谑中包藏针砭，即有刺痛，亦不至于刻薄。试看《我爱开会》中的一个片段：

一位巾帼英雄步履蹒跚走上发言台，十分钟之内，但听得麦克风"蓬蓬"作响，间杂着一连串的舌音、唇音、喉塞音，不知她说了些什么，到了最后，她好像是说要求主席和全体会员的原谅，因为她早起匆忙，忘了戴上她那一副假牙，于是哄堂大笑。笔者最爱大笑，乃趁机大笑一番，笑得腹肺之间，几成真空……

这就是颜元叔式的讽喻，让人在大笑之余感到那么一点苦涩，不乏锐利却又决不会皮开肉绽。这种讽喻风格既是性情淳厚使然，也与颜元叔低调的自我定位不无关系：他不觉得自己比笔下的讽刺对象高明到哪儿去，反而倒是有一种同病相怜之感。这种态度在《粉笔生涯》、《知无不言》等篇中表现得甚为分明。

留美博士、台大外文系主任、执文坛一时之牛耳的批评家，这些显赫的身份自然使颜元叔难免有一种知识上、话语上的优越意识，《哈姆雷特做家务》诸篇将莎士比亚经典戏剧中的人物置于日常生活的想象之中，极尽滑稽之能事，不仅展露了作者的治学背景和奇思妙想，而且也能隐约见出其自我形象定位。颜元叔不愿高居于象牙塔之巅，而是袒露自己乃是烟火人间的一介凡夫俗子，日常生活中琐琐碎碎的一切——起居、饮食、出游、喜乐、烦忧——皆汇聚笔下，蔚为大观，展陈了人生复杂多样的形态。这部分的散文数量最多,亦最能展现颜元叔的个人才性及笔调。名作《晒太阳记》写久雨放晴后的一个星期天在自家院内晒太阳的融融其乐:晒了前胸晒后背,晒了上身晒下身,晒得浑身上下每个毛孔都舒坦地张开了嘴,接着又是晒被窝、拖地板……虽然都是些鸡毛蒜皮的小事,却自有一种尘世的温暖、喜悦流淌其间。《烧饼夹油条》将烧饼油条这等极普通的早点写得活像是天上人间之至味;《夏蚊成雷》写夏日蚊虫侵扰之苦,却也写得诙谐百出,虽苦而不改其乐……此类文章皆能见出一派天真自然的生活趣味。颜元叔写人间烟火,还常常寄寓着物变人非的感慨:《回忆小面》、《罗斯福路的回忆》在回忆自己学生时代的吃食和见闻的同时,也流露出一种淡淡的感伤:台北的马路变宽了,楼变高了,街景也更繁华了,但有一种简单和朴素却消失不见了。由此看来,烟火人间的日常生活其意义还不只在于彰显了生命本身活泼泼的趣味,同时它也记录了一个社会、一个时代变迁的轨迹。

从70年代中期到80年代初,颜元叔笔耕不辍,出版散文集不下十部,题材内容遍及社会生活的方方面面,这些作品笔力雄劲,好事铺排,仿佛一挥而就,显得元气淋漓。其实,颜元叔的散文在粗头乱服之中却颇有讲究,并不是一味地追求痛快淋漓,在紧要处也会不惜笔墨精画细描,以收余味袅袅之效。其文章结尾尤其经心,往往是异峰稍起之际即戛然而止,如《假日庭院》通篇写星期天悠游于自家庭院之乐,视之为现代人的逃避之所,收尾辄言:"然而,逃避又何能久远?生火待发的周一,就系泊在暂闭的门边。"真是奇峭有力!

颜元叔晚期的散文风格略有转变,笔势有所收敛,从汪洋恣肆一变为平淡深秀。《五十回首——水头村的童年》里的文章,以极朴实的笔调写自己童年记忆中的湖南山村的日常家居生活,举凡育秧、插苗、捕鱼、挖泥鳅、榨茶油、放孔明灯,虽皆是极平常的琐事,却蕴含着一股深厚绵长的喜悦,真可谓故土风物总关情。

中国现代学人散文中有一路从英国随笔汲取的甚多，林语堂、梁遇春、钱锺书、梁实秋等人皆是其中翘楚，风格大抵是议论风生、庄谐杂出，最能见作者个人才性。颜元叔的散文似亦可归入此传统。当年，废名曾言梁遇春总是燕语呢喃，令他想起辛稼轩的一句词"倩谁唤流莺声住"，我今忽发奇想，颜元叔的散文岂不也可用稼轩的一句词"听取蛙声一片"来形容？蛙声虽然粗豪些，不像流莺那般轻倩流丽，却是叫出了一片真淳自然的天地。

（原载 2008 年 11 月 19 日《中华读书报》）

盛开在两岸传统文化殿堂中的生命之花
——《荷塘月色》《荷塘风起》比较研究

高素英

自古以来,荷花就在中国传统文化中占有非常重要的地位。江南民俗中,"相传农历六月二十四日为荷花生日。在清代每逢此日,姑苏城内外画船箫鼓纷纷集合,于苏州葑门外的荷花荡给荷花上寿。或观荷纳凉,或乘舣舟至苏州虎丘山浜赏观花农所植之名荷奇品"。这一传统延续至今。文学创作中,咏荷佳作最早见于《诗经》,譬如:"山有扶苏,湿有荷花"(《诗经·郑风》)、"彼泽之陂,有蒲与荷"(《诗经·陈风》)等等。之后,苏轼、杨万里、周敦颐等都有赞荷名篇,其中最负盛名的当数宋代杨万里的"接天莲叶无穷碧,映日荷花别样红",以及唐代周敦颐的《爱莲说》。以荷入画的名作也很多,最著名的有清代石涛的《墨荷图》、近现代吴昌硕先生的《墨荷》、齐白石大师的《秋荷》等。

当代文学创作中,以咏荷为题材的散文佳作不多,能与朱自清先生的名篇《荷塘月色》比肩齐名的更不多,台湾当代作家颜元叔先生的《荷塘风起》算是一个例外。

《荷塘风起》以"风起"为背景,将荷花、荷叶、荷香等特有的荷塘意象投放在强风、骄阳、大雨的吹打之中,在展现荷花团结互助、奋起抗争之精神的同时,也表达了作者对人类恣意践踏自然美景之恶劣行径的无奈与批判。如果说朱自清先生的《荷塘月色》以"柔美"取胜,那么颜元叔先生的《荷塘风起》则以"刚烈"见长。两篇散文虽然风格迥异,相去半个多世纪,横跨海峡两岸,但就同根同族的中国传统文化而言,二者借荷塘风景所呈现的"隐逸情怀"却非常相似,在传统文化、传统美学、心理学等多元化的研究视野中彰显出两位作家既相通又不同的心灵诉求。

一、传统文化研究视野中的"隐逸情怀"

"隐逸",根基于庄子的道家思想,属中国传统文化的研究范畴。不求认同谓之"隐",自得其乐谓之"逸"。"隐逸"有多种表现形式,主要包括道隐、朝隐、酒隐、林泉之隐等。其中,最直接的表现形态就是遁迹山林的"林泉之隐",这本身就是一种特殊的文化现象。

"林泉之隐"远古就有,但作为一种文化现象则生成于魏晋。这种"隐逸情怀",强调的是一种由喧嚣尘世走向山野、走向宁静或孤寂的心灵诉求。东晋佛学大师道安在《安般守意经》中曰:"得斯寂者,举足而大千震,挥手而日月扪,疾吹而铁围飞,微嘘而须弥舞;斯皆乘四禅之妙止,御大息之大辩者也。"显然,山野、宁静、孤寂是"隐逸情怀"的核心思想。隐逸情怀的实质其实就是中国传统文人落寞时自我构筑的精神家园,即当美好的理想与严酷的现实之间产生强烈冲突时,传统的中国文人通常会寄情山水,借以逃离尘世纷扰,通过这种精神式的归隐获得内心片刻的宁静或永久的超越。从陶渊明的"采菊东篱下,悠然见南山"到海子的"面朝大海,春暖花开"无不如此。《荷塘风起》与《荷塘月色》也不例外,两文均以"荷塘"为意象表达自己逃离尘世纷扰、在自然美景中释放心灵的隐逸情怀。

散文以情为美,联想与想象是情感表现的重要形式。《荷塘风起》中,作者想象着自己"在岩石上,在古树下,像隐士般坐着",仿佛传说中身居闹市中的一位仙人。作者借荷塘风景述说着自己从年少轻狂到中年老态,内心始终无比向往自然的自由宁静和坦荡豪放之情怀。然而因为生计,却不得不每天背着沉重的"公事包",穿着"锃亮的皮鞋",行走在"钢筋水泥"包围下的城市。当看到"历史博物馆"的红砖绿瓦、铁质保险门窗,靠近博物馆一边的水面"有十来尺的宽度不长一片荷叶"时,其内心瞬间生发出无比凄凉与无奈,"封杀"、"叠居的都市人生"这些由衷的慨叹无不表达着作者对现实的不满与排斥。篇末,作者用儿童作画无从选择色彩进一步强化了这种不满情绪。在他看来,绘画讲究色彩和构图的和谐,然而荷池对岸由钢筋水泥浇筑而成的历史博物馆,却将视线陡然堵塞,情趣顿失。但是,当耳边车辆传来的阵阵噪音不断地"碾压着"荷花、荷叶的馨香,"碾压着"池塘的宁静时,画童却忽然似已找到了恰当的颜色。是什么使他如此茅塞顿开?

是画童"耳聋于外来的噪音"后沉醉在自己选定的世界里。这显然是作者通过想象在内心世界中自我构筑的一座排解苦闷、释放心灵的精神家园!《荷塘月色》中,作者则更多地借助于联想这种抒情形式表达自己寄情山水、逃离尘世纷扰的"隐逸情怀"。比如,由"白天里一定要做的事,一定要说的话,现在都可以不理"而走向荷塘后看到的荷塘月色之美:"叶子出水很高,像亭亭的舞女的裙",又像是"笼着轻纱的梦",之后是由衷地感叹:"我且受用这无边的荷香月色好了!"这种对自然的膜拜都暗示着作者内心对理想世界的向往,宁静与不宁静之间看似矛盾,实则暗含归隐"林泉"之情怀。

显然,两位作家笔下的这一方荷塘都不是"世俗文化"命题中的物质世界。《荷塘风起》将人物行踪与荷塘命运明暗交错,荷塘风起之时,也是作者内心畅快之际;《荷塘月色》将人物行踪与荷塘美景在现实与理想之间交相辉映、虚实相生,现实呈现之时也是作者的理想破灭之际。朱先生希望这一方荷塘能化解自己内心的"不宁静",颜先生则希望这一方荷塘能成为自己梦想中的"伊甸园"。两文在隐逸情怀的叙说之中,跨越时空阻隔,在中国传统文化所浇筑的荷塘意象中达到了心灵诉求上的高度契合与贯通。

这样的契合、贯通无疑与两位作家共同的生活经历和文化背景有关。颜元叔先生,祖籍湖南茶陵,1933年生于江苏南京,1949年随父母迁入台湾。1956年台湾大学外文系毕业后不久即赴美留学,后又回归母校任台大外文系主任。去台湾之前,颜先生在江南生活了16年。朱自清先生,祖籍浙江绍兴,1898年生于江苏东海,因其祖父与父亲定居扬州,故自称"扬州人"。在扬州,朱自清入私塾,读小学,上高中,在那里生活了13年。1920年朱自清北大毕业后曾有5年的时间在江浙一带执教,1932年留学英国后回清华大学中国文学系任教。显然,两位作家不仅都在有着浓郁的荷塘文化背景的江南度过了自己美好的青春岁月,而且都有留学国外又回归母校的生活经历。传统文化的共同滋养,中、西方文化的相互碰撞,使他们在托物言志时都不约而同地选择了散文,选择了"荷塘",呈现出浓郁的中国传统文化特色。

英国剧作家王尔德说:"我不想谋生,我想生活。"荷尔德林也说:"人,功业卓著,但却在大地上诗意地栖居。"显然,"谋生"与"生活"、"诗意地栖居"与"技术地栖居"有着本质上的差别,其核心就是人类对自然万物的态度。"技术地栖居"强调的是世间万物始终处于被蔑视、被征服的存在状态,"诗意地栖居"则强调人类与自然万物应该休戚与共。人类在本质上是自然万物的守护者,而非破坏者。

二、心理学研究层面上的"大我"与"小我"

所谓"大我"是指作者所表达的情感倾向超越了自我个体

生命的关照范畴，主要表现为人类与自然之间的矛盾和冲突，具有宏观、他世界的价值取向。《荷塘风起》就是这样。文章的立足点始终建立在人类与自然之间的矛盾冲突上。作者在表达自己对自然界美好生命的敬畏和礼赞的同时，深刻批判了人类在现代化建设进程中，恣意破坏自然、毁坏美好心灵家园的恶劣行径。"小我"则指情感倾向始终停留在对作者自我个体内心世界的观照范畴，《荷塘月色》即如是。文章的立足点不是建立在人类与自然之间的矛盾冲突上，而是借自然之美来化解作者内心的苦闷和彷徨，所表达的情感倾向具有明显的"小我"情调，与《荷塘风起》形成鲜明的对比。

清代著名学者王国维先生在《人间词话》中说："昔人论诗，有景语、情语之别，不知一切景语皆情语也。"其意思是说古人论诗，往往会把主观情感与自然风景相分离，其实二者根本无法分割，情中有景，景中有情，情景合一。既然如此，那么，即使是同样的风景，也会产生不一样的情感，更何况不一样的风景？

《荷塘风起》中，作者写自己儿时看到的荷塘曾是"接天莲叶无穷碧，映日荷花别样红"般美轮美奂，它充满生机，充满活力，满溢着自由的气息。而现今的荷塘已不能称之为荷塘了，最多是个荷池。潺潺湖水中零星地浮着几朵"黑枯如死鸡的脚爪"，插着"三五根倒折的荷枝"。但，荷塘也有美的时候。它有时淡泊宁静、"婉顺着自然"；有时"多彩而豪迈"、"举天而立"、"摊开胸怀，承受着天、云、雨、露和微风"。动态中的荷塘生机勃发，激人奋进；静态中的荷塘又是一片和谐的净土，给人以生命的启示。然而，这样变幻莫测的荷塘如今却正慢慢被挤压、被摧毁。作者对此无比愤慨和痛恨："是什么人还是兽，伸出了手或爪，摘采了一片片的清香圆绿？""是人还是兽，忍心摧残了这片片清香圆绿！"这些呐喊都是作者内心情感的直接呈现，具有"大我"之特点，它站在了人类与自然的对话平台上。

即使是写荷花,即使是也用"少妇"作比拟,作者也把它投放在生命的意义层面予以赞美:"好个少妇般的一朵生命!"显然,这位少妇不是《荷塘月色》中的那位"刚出浴的美人儿",也没有拖着长长的"裙幅"。虽然她也是女性,但她通体散发着的是母性的光辉!她是希望的使者,她是自然生命代代相传、不断延续的象征!岁月轮回,日月更迭,她与莲子间演奏着一曲曲"不染生命"的主旋律!

有人说,80多年前朱自清先生的一句"这几天心里颇不宁静"搅得文坛至今不得"宁静"。此语虽然有些夸张,但也反映了《荷塘月色》在情感取向上的不确定性。近期,笔者翻阅了国内学者近几年来对《荷塘月色》的大量研究文章发现:围绕该文的艺术性争议很少,而关于其情感取向方面的争议很多,且至今未成定论。《荷塘月色》问世以来,人们就以种种视角深挖穷究其"不宁静"背后的潜台词,由最初的"政治苦闷说"、"家庭负担论"、"江南情结"到近年来的"美人幻梦的变形置换"等等,都试图破解朱先生深藏其中的秘密。正所谓"一千个读者,就有一千个哈姆雷特",这是文学主题多义性使然,也是《荷塘月色》的魅力所在。好文章向来常读常新,名著尤其如此。在众多研究文章中,笔者对庞则江先生的《"不宁静"些许是因为爱情》、孙绍振先生的《超出平常的自己和伦理的自由》等文章颇有共鸣。再将之与《荷塘风起》相比较,愈发觉得《荷塘月色》在情感表现上具有明显的"小我"倾向。

抒情笔墨中的"小我"。言为心声。要探究作者的情感倾向必须从文本出发,即通过作者说了什么去寻觅作者想了什么。因为散文中的抒情是作者内心情感的直观呈现。作者开篇说:"这几天心里颇不宁静",这是全文的感情基调。那么,为什么"这几天心里颇不宁静"?有人说1927年作者创作此文时正值"大革命"失败,所以作者心里颇不宁静。有人反驳说,"大革命"失败不是"这几天"的事,但作者为什么偏偏要强调"这几天"

呢？显然，"大革命"说存疑。之后，作者说："这是独处的妙处，我且受用这无边的荷香月色好了"；"那是一个热闹的季节，也是一个风流的季节"；"这令我到底惦着江南了"；"但热闹是它们的，我什么也没有"……在这里，"受用"、"热闹"、"风流"、"惦着"这些极富想象力的词语无不传递着当下最为流行的一种心态——"羡慕嫉妒恨"。你看，面对眼前那些摇曳生姿的荷花、荷叶、荷香和月色，作者看到的是"舞女"，是"美人儿"，想到的是"笼着轻纱的梦"，是旧时习俗中的采莲女，是思念心上人的痴情女。这一系列充满女性特征的意象展示、一连串对艳歌俚曲的畅想无不传递着这样的信息：作者心中的"不宁静"与时局无关，与情感纠结有关。因为这种纠结，所以当面对荷塘美景时，作者眼前呈现的满是女性意象，心中升腾的是既"受用"又向往的情绪，但可惜的是："热闹是它们的，我什么也没有。"

妻子形象塑造上的"小我"。文中，作者只在开头与结尾两处介绍了"妻子"。虽然着墨不多，但却意味深长。开头说："妻在屋里拍着闰儿，迷迷糊糊地哼着眠歌"；结尾说："轻轻地推门进去，什么声息也没有，妻已睡熟好久了。"这样的铺排，作者要表达怎样的情感？按常理看，孤独时"妻子"是"我"的知己，是化解"我"心中不快的最佳人选。但文中，作者所呈现的情感关系却恰恰相反。从出门赏景到赏景后回家，夫妻二人没有任何的话语交流，更无从生发夫妻间的情感碰撞。再结合前面的抒情部分来看，这个"妻子"形象有着欧阳修《秋声赋》中"童子莫对，垂头而睡"般的隔膜。不能否认，文中作者所塑造的"妻子"确实是一位好母亲。从"哼着眠歌"到"熟睡很久"无不如此，但这位妻子只有"母性"却无"女性"气质。余光中在《论朱自清的散文》中说："这位丈夫赏月不带太太，提到太太的时候也不称她名字，只用一个家常便饭的'妻'字。"其实，这种看似怪异的铺排实则作者情感取向的巧妙埋伏。

因为作者内心其实是非常清楚这种"不宁静"带有非常明显的私密色彩的,作者也非常清楚这种非常私密的情感根本无法与人诉说——即使是自己相濡以沫的"妻子"!怎么办?最好的办法只有一个,那就是独自化解。所以,当夜晚一个人在院子里乘凉仍不能消解这种"不宁静"时,就一个人"悄悄地披了大衫,带上门出去"。作者希望借荷塘来化解这种痛苦和郁闷,文中"今晚在院子里坐着乘凉,忽然想起日日走过的荷塘,在这满月的光里,总该另有一番样子吧"就是最好的注解。

对男女相思之情联想中的"小我"。《采莲赋》和《西洲曲》都属于古典文学中的艳歌。前者为梁朝皇帝萧绎的思春之作,着力表现暮春时节花季少女荡舟采莲时的嬉戏景象及对心上人的思念之情;后者为南朝民歌中的思春名篇,全诗集中表现的是女子对远在他乡的情郎的思念。《荷塘月色》所引《采莲赋》中的四句所展现的是:女子盼郎不归,便出门采莲,未料却由眼前的莲花、莲子触景生情,更加激发了自己对情郎的思念之情。显然,《采莲赋》呈现的是"热闹风流"之美、《西洲曲》描绘的是单相思之苦。再与前文相联系,不难发现:这和"不宁静"所呈现的情感倾向仍然停留在"小我"层面。

"人的生命,与动物不同,除生理感官活动之外,还有意识活动。在这意识活动中,有着无止境的生命向往,有着挣脱现实束缚、向往无限自由的本能冲动。而正是在这方面,文学艺术亦能给人以助益与满足,可以扩展人的生命空间。""五四"是一个生命发现的时代,"五四文化"的核心思想就是对个体生命价值的追问,对个人内心世界的探询。《荷塘月色》所呈现正是20世纪二三十年代中国知识分子的思想缩影,而创作于70年代后期的《荷塘风起》正处于以工业化为标志的现代化建设初期,那个时期的创作主题就是人类与自然的生命对话。两文就这样借助"荷塘"表达着不同时期中国文人对生活、对自然的认知和感受,共性之中蕴含着丰富多彩的个性魅力。

三、传统美学视野中的审美差异：阳刚之气与阴柔之美

"美感是一种愉悦感，一种以喜爱、快乐、愉悦之类情感为心理特征的精神满足。""阳刚之气"、"阴柔之美"是中国传统美学中"精神满足"为特征的两大情感倾向，其理论来源为中国古代哲学中的"阴阳"之说。

《易经》认为："天为阳，地为阴；日为阳，月为阴；火为阳，水为阴；动为阳，静为阴。"阴阳为天地万物之本，万物变化的普遍规律即体现阴阳矛盾的转化。阴代表沉静、内敛，阳表示亢进、刚强、张扬。正所谓"一阴一阳谓之道"，自然万物如此，芸芸众生又岂能例外？因此，在传统美学的研究视野，很早就产生了以"阳刚之气"喻男性精神、以"阴柔之美"喻女性气质的审美理念。"阴柔之美"以清幽淡雅、含蓄飘逸为特征；"阳刚之气"则指阳光般之刚强，勇敢、力量、奋发向上是其基本内涵。明代冯梦龙在《警世通言》里说："男儿不展风云志，空负天生八尺躯"，这便是阳刚之气的形象描绘。

《荷塘风起》阳刚之气十足。这首先体现在全文以"风起"为背景，其次是阳光、强风等充满"阳性"的生态环境。写荷叶时，作者用"卷起"、"竖起"、"形成直角"来比拟；写荷花，作者用"强风"、"浓烈的馨香"、"标枪一般"、"挺立"、"高跷"、"耸立"、"椎体"、"坦坦然"、"任风冲刷"等来展现；写荷茎，作者又用"带刺的"、"满富弹性的"来描绘，这些意象与杨朔散文中的白杨树、鲁迅散文中的枣树有异曲同工之妙。它们都是大自然的伟丈夫，有一种面对恶劣的环境有担当、敢挑战的男儿气概！而对莲子与画童形象的描绘更体现了作者的豪迈与自信。《荷塘月色》却不同，文中作者以"月色"为背景，以"树色一例是阴阴的"、"月光不能朗照"相映衬，着力营造出一种"阴柔之美"。在这里，"白天"与"夜晚"、"阳光"与"月

色"、"强风"与"微风"形成明显的阴阳对比,与《易经》中的"阴阳说"有一脉相承之理论渊源。

  以女性形象作为审美理想的文学创作最早出现在《诗经》。比如,《卫风·硕人》:"手如柔荑,肤如凝脂,领如蝤蛴,齿如瓠犀,螓首蛾眉,巧笑倩兮,美目盼兮"等。以"阴柔之美"喻女性形象的审美标准始于宋代,其审美思想的最大特点就是审美关注直接体现在女性形象本身,整个宋代以杨柳细腰、亭亭玉立为美。朱先生的散文所呈现的审美思想有所变通。从叙事学的角度看,作者主要采用拟物手法,将鲜花、蛋清、明油等象征纯洁无瑕之物比作女人,这种"阴柔之美"是朱自清散文对传统美学思想的继承与创新。

  余光中先生说:"每一位作家在自己的作品里都扮演着一个角色。或演志士,或演浪子,或演隐者,或演情人。所谓风格,其实也就是'艺术人格'。""艺术人格"是作家的印鉴或指纹。风格成于中而形于外,作家的个性有别,其作品风格必然不同。众所周知,朱先生考入北大不久,就将自己的名、号"自华"和"实秋"改为"自清"和"佩弦"。这一方面有感于家境的衰微和性格上的内敛,另一方面也为警示自己洁身自处。这种追求体现在散文风格上就是婉约与内敛。《荷塘月色》如此,其成名作《桨声灯影里的秦淮河》亦如是。文中记述了作者与好友俞平伯先生夏夜泛舟秦淮河的见闻感受。其中,最能体现其婉约内敛的是文章的后半部分。作者写自己和俞先生在河上偶遇歌妓向他们兜揽生意,一时间窘得这两位老夫子"不安",欲就还推,最终还是调头摇手地拒绝了人家。之后,两个人又以此为话题大谈特谈:一会儿觉得自己狎妓不道德,一会儿又觉得不听歌太遗憾;最后又觉得即使自己真的停船听歌了,也不能算作狎妓,相反倒是拒绝了这些歌妓会"使她们的希望受了伤"。这种瞻前顾后、外冷内热的做派既是传统文人婉约内敛的形象写照,也凸显出"五四"时期中国文人在传统理念与新派思想之间的矛盾和纠结心态。相比之下，颜先生则直率、豪放得多。据报载：某日，台北一家最豪华的饭店同时有两场谢师宴。当颜先生看到台大的另一场谢师宴早已散场，而他所在的谢师宴上，系主任却依旧舌灿莲花时，历来主张"谢师何必宴"的颜先生快步上前，断然抢下系主任的话筒："教书这种行业，坏处在于误人子弟，在于好为人师，在于毕业谢师宴上，一席话叮咛下来，把热菜讲冷，把肚皮讲瘪……"颜元叔火辣辣的诗人性格和直通通的书生心肠在此可见一斑。这种性格在他的散文、杂文和政论文中都有所呈现。台湾媒体这样评价颜先生："以如刀之笔，刻画时代的斑斑点点，鞭笞之间，固是怒目金刚……却怀着一颗菩萨心肠。"这些言论已被国内学者多次转引过，其认同感不必赘述。

余光中先生说："朱自清在散文里自塑的形象，是一位平凡的丈夫和拘谨的教师。"但笔者认为，《荷塘月色》中的作者却更像一位"拘谨的情人"。赞美风景时泼墨如注、坦坦荡荡，一旦触及私处却遮遮掩掩、欲言又止，婉约内敛气尽显；而《荷塘风起》中的作者则更像一位"志士"。面对荷塘美景的渐渐消散，愤慨之情溢于言表，坦荡豪放之气尽显笔端。

荷花飘香的烟雨江南，一直是历代中国文人的精神原乡。"越名教而任自然"的江南文化以独具特色的儒雅与诗性，不断激发着中国文人的想象空间和创作潜能。在物质需求逐渐吞噬着精神家园，消费理念日益消散着心灵休憩地的今天，《荷塘月色》与《荷塘风起》犹如盛开在海峡两岸传统文化殿堂中的两朵生命之花，在源远流长的中国文化长廊中构筑起极具民族特色的荷塘世界。两位作家借助散文的艺术表现形式把苦闷、彷徨、对生命意义的追寻紧密糅合在一起，既与中国传统文化、传统美学所致力追求的审美理想相契合，又与"五四"新文化以来所建构的个性化、多元化审美诉求相对应，在世界文学丛林中绽放出属于中华文化的绚丽和光彩。

2012年12月26日颜元叔先生因肝癌逝世，享寿80岁。中国新闻网给予很高的评价:"颜元叔为台湾引过'新批评'理论的旗手……除了改革大学内的英美文学教育系统,更以其锐气十足的狂飙笔锋,在1970年代树立了地位。"颜先生走了,但他的《荷塘风起》会永远留在散文爱好者的心中,他的"火辣辣的诗人性格和直通通的书生心肠"会永远留在文学的心中。

(原载《山东社会科学》2013年第9期)

白道

自　述

颜元叔生于1933年7月3日，出生于南京。

三岁到十一二岁在湖南茶陵乡下水头度过，生活太平安静，整天就是田里抓鱼，河里洗澡或随大人去耕田收割稻禾，秋冬上山打洋米饭（蓝莓是也），唯一令人惊奇的事是从木板桥摔下桥，还好桥不高，离下面不过四五米吧，没哭叫迷迷糊糊地又上了桥回家。

在湾里上的高小毕业。

日本兵来时，妈妈早有准备，先采园里蔬菜再捕捞池塘里的大鱼（约五六斤重），将鱼杀了切成薄片，油炸好放在竹笼里，向山上躲兵，先向龙背再上油榨冲，又向高处的横窝里，大人们剥杉树皮搭棚子，就在山窝里住，直到日子太平才又回到水头自家老屋。

我跟毛姐（元仲）回到高垅上祖安中学，后来随家人南京上私立中正中学，国文还是很好，英文不错，数学吃力，高中考上南京市立四中，只念了大半个学年，老共来了，便逃回湖南老家茶陵，插班茶陵省立二中，又念了不到一个学年，老共打过来了，便全家逃到台湾（1949年）。

1949年到了台北插班建国中学，这是台湾的名校，念了两年毕业，我的英文不错，国文还好，数学还是不行。英文是靠每日早一小时到校在走廊上朗诵死背,读得喉咙冒烟。高中毕业后,以第三名的成绩考进了台大外文系。

台大外文系毕业后做了两年的预备军官,在国防部联络局做翻译官,译稿很得长官好评。两年期满,由美籍的罗修女推荐到威斯康辛州密瓦基私立天主教马克大学(Marguette University)(美国)念研究所。两年硬碰下来参加学位考试,一门"十七世纪"不及格,补考才通过。拿到硕士学位后又申请到威斯康辛大学麦迪逊总校,两年博士三十个学分,每天念到深夜三点才入睡,次日十点起床,又是念书写报告,三十个学分念完。学位考五科,每科考一天或半天随你,用笔写用打字机随你,每科常是二三十张纸,考了五天,五科被挡掉一科,一年后补考才通过,笔试后写论文,写了至少一年,论文《The Use of Point of Katherine Mansfield》写了四百六十页,一改再改至少写了三遍之多,直到指导论文老师 Dr. Wiley 说可以了才罢。这是笔试。口试是五个教授围着你严问,还有外系教授参加,五人"烤"我近三小时,大家各自评分,尽于让我通过。两小时后我便在芝加哥搭机回台湾了。

我的教书生涯源起于美国,博士笔试后要偿还学校威大的债(举债是为了支援台湾家中的开支及自己的生活费),便应聘于北密歇根学院的英文系副教授,教英、美文学入门。教了一年,年终学生评分"教得好",但我思家情切,在美五年首次返台。

回到台大教的是重头戏"英国文学史",两年后我又赴美,为的是写博士论文,为了吃饭我又去北密歇根教书一年,不过这次是讲师身份,因为北密歇根已由学院升格为大学,所以职位降了一级,一边教书一边写论文,真是忙煞人了。暑假提交口试通过,便回家了。

回台湾后凭着博士论文便由副教授升为教授,在台大外文系一待就是三十多年,直到 65 岁退休,这三十多年中我替外文系做了几件"大事":第一件,修改课程:英国文学 12 个学分,美国文学 6 个学分，欧洲文学 12 个学分，莎士比亚 6 个学分，另加其他必修课，开始学生被逼得喘不过气来，几年之后，也就舒展过来了。那时训练的学生有些今日成了大名了。第二件"大事"是办研究所硕士班和博士班。硕士班我们办得很成功，如今在大学任教的教授以及在美国任教的不少出自我的硕士班，博士班则乏善可陈。我个人教的课还是硕士班及大学部的课，读到 Milton 及 Yeats、T. S. Eliot 是我最陶醉的时刻。我向学生说读 Yeats，能谋生、能享受！是特等好事！

此外开大一英文讲座，诗人讲座等等，成绩中平，总之我做外文系主任五年半把外文系整个翻了一个身，当时，朱立民任文学院院长，我做系主任，两人呼应一致，改革、革新马到成功，致有"朱颜改"之说。

在台任教期间我曾两度赴美，一是为犹他大学访问教授，只是念书，早去图书馆，晚上回宿舍，另一次是去水牛城纽约州立大学为访问教授，我开了一课"英译唐诗"大出风头，我的"英译"是汉字英译，一个中文直译一个英字或两个英字，就是所谓的 Transliterate，然后讲述中字与中字之间的复杂关系，明的，暗的，潜在的文字间的关系，同时以西方文学理论如 Paradox、tension 等等，阐释这些关系一时令学生瞠目大呼"这才是唐诗"！我是把唐诗的原汁原味加以解说，解说完了，还是回归唐诗的中文原义，而非传统的英译中诗，只是把中诗"英吾化"罢了。

五年半的系主任就这样度过了三十年。退休了，就是退休了！

退休后我将数十年读"莎士比亚"教"莎士比亚"的心得写了一套《莎士比亚通论》，分别为：《历史剧》（1995）、《悲剧》（1997）、《喜剧》（2001）及最后一部《传奇·商籁·诗篇》（2002）。这是我中风后的最后的作品，聊以零光片羽自慰吧。

（由颜元叔先生口述，夫人杨燕然女士整理）

致阳卫国信

阳书记卫国先生：

阳书记您好！茶陵没有"非典"，赖全县防治得力，您的领导有功，可喜可贺！

您我相交贵于知心知思，故将平生主要经历与思想一展于足下：

我于1933年生于南京，三岁随父母返回水头。在水头颜家祠堂启蒙，玳溪湾高小毕业，高陇祖安中学进修一年，抗战胜利，随父母重回南京，三年后修至高一，国共战殁，再回水头，在茶陵省立第二中学进修一年不到，国军战败，随父母避居台湾；在台入名校建国中学高二，毕业后，考入国立台湾大学外国语文学系，专业英语及英国文学。四年毕业，赴美入马克大学，获硕士学位；继入威斯康辛大学，获英美文学博士学位。随即应聘北密歇根大学，任英文讲师，助理教授两年；1966年返台，出任母校台大之外文系副教授、教授及系主任等职，其间两度应聘赴美国纽约州立大学，犹他州立大学讲学；在台两度主办第一与第二届国际比较文学会议。五年前退休。

我之政治思想，三十年前，由于国民党宣传蒙蔽，倾向恐共；三十年后，两岸开放，消息灵通，渐知大陆实况，乃转为亲共亲大陆矣。二十年来，我参加台湾统一联盟，联盟数度邀我做主席而揖让，今为联盟资深顾问，现之主席王津平乃我之学生。我对大陆表态，最清楚的场合，莫过于十余年前基于1989年春夏之秋的政治风波所写的几篇文章，《向亿万建设中国同胞致敬》、《盘古龙》等，倡导爱中国，反对台独，反对西方帝国主义。"致敬"文发表正当中国处于政治风波后期，举国沉痛，见我文后，全境振奋，北京中央党校校长乔石先生向全校全文宣读，北京大学、清华大学师生反应热烈，上海交通大学向全校广播，师生奔走相告，湖北省长李以其所著《战争与和平》八部长篇小说，远寄台北相赠，广东省委书记于我赴穗时特别邀宴，四川、陕西、东北各地读者崇信谬赞者不计其数。如此这般，我已成为反中分子所谓之"爱国狂"矣。旅美侨报连篇累牍责骂我"晚节不保"而投共。香港英文报纸《华尔街日报》刊登专文指责我留学美国，教英美文学为生，而居然反美反英，大表不解。实则彼辈何尝了解我中华民族两百年来之深仇大恨——而此深仇大恨今日方得稍稍舒解也。

我今七十，虽于六十五岁生日作一歪诗，发表于《联合报》副刊，诗云："好歹再活二十年，坚持残喘留此生，只待经济中胜美，哈哈大笑可长眠。"二十年经济中胜美，见诸报载当时美国总结克林顿说："根据经济学专家评估，二十年后中国总体经济胜过美国，居世界第一。"二十年已过五年矣，而中国正紧抓经济建设，年年大增长，二十年超美所言当不虚矣。

水头回归人　颜元叔　谨上
2003年5月20日

（阳卫国时任中共茶陵县委书记）

致水头村乡亲信

尧水乡人民政府转水头村村书记颜二连、村长颜桃连及水头村全体村民知悉:

我决定归田圆宗,回归水头故里,并获得尧水乡长及各位的热烈欢迎,令我深感慰藉与快乐。我的决定出于二点理由:一是思乡之情,一是爱国之心。我四岁回到水头,在故乡渡过八年童真岁月,这是我一生中最欢乐最具塑造性的岁月,水头的山水、人物给我留下不可磨灭的印象。在外漂泊五十余年,无时不以水头为念。近年来我以七十高龄,几度回乡,更点燃我的归乡愿望,如今我承乡政府与水头村政府免资划批土地建屋,相信今秋即可建成,了我回归大愿。明年我将火化我父母遗体,迁葬于水头后山,一切朴实从简,尘归尘,土归土,水头人终归水头土。我与我妻死后亦求与父母同穴。讲到我的爱国之心,我从四岁开始,尚清楚记得目睹影片《日军侵我山海关》,即油然心生仇敌报国之念,后十年来虽旅居台湾,然无时不以祖国大陆为念,和平统一,复兴中华。我在台湾被认定为统派大将,如今犹任统一联盟首席顾问。1989年春夏之交的政治风波后,我发表《向建设中国的亿万同胞致敬》文,首刊台湾,转载大陆,震动整个祖国,乔石中常委在中央党校亲自宣读全文,江南江北甚至东北西北平民学者纷纷来函响应。如今我老了,然爱国之心依然强烈如故。我之回归故里，是我之爱国心之终极表现。我希望水头村全体村民于表现欢迎之余，大家积极同心协力助戋帮我，使我回归故里的行动能一气顺和完成，保护我的安全，维护我的安适，这确是尽乡亲之情，亦可说是一项政治任务——因为若是我的归乡之举失败，两岸关系必将掀起波澜。

颜元叔　手书

尧水之头

任何最明细的中国地图，恐怕都找不到"尧水"。本来，尧水只是一条小山涧，在湘东茶陵的群山中，汨汨潺潺地流了出来。鱼可通航，船舶是进不来的。春季涨水，合抱的圆木倒是可以顺流而下，一逞河流的威风。否则，它一径是那么一条小溪流，宽处十丈，窄处十尺。浅水滩头，水总是清澈见底；也有几个深潭，蜷藏在山脚磐石下，古树覆盖，深不可测，有背长青苔的巨蟒潜伏其中。我没有见着巨蟒，虽然我常在潭中游水，当夏日炎炎的时候。

虽然这条水名不见经传，却自名为尧水，倒也颇富象征意味。当然，居在水边村庄里的葛天氏之民，是不玩弄象征主义的。这条水就叫尧水，千百年来就叫尧水。千百年来，没有菜吃，便步入尧水捕鱼；不是一网打尽，而是用两只粗大多茧的手，掌心向下，探入水中石头的缝隙，指头触到"啵啵"的跳跃，捉住了，抽回来，一条银鳞的鱼温存地被握在掌心里。千百年来，缸里没有水了，挑水去；两个木桶往尧水里一沉，胳膊的肌肉一紧，像搓成的绳索，水桶提出水面，多余的水"哗哗"流回尧水，桶里的尧水便被挑回家，从生饮、煮饭到洗澡，都是它。至于说两岸的田亩，田里的秧、芋、薯、芥菜、辣椒——那是煮鱼必需的佐料——则通过细长细长的圳，向尧水取水。圳里有小鱼，在白沙底上疾驶，戏水的孩童要捕捉它，是无效的追逐。

当尧水正要流入尧水乡——那是十里长、数里宽的一条田垅——就当尧水要进入人寰的当头，有村庄焉，是谓水头村。虽乏老圃黄花，却已风流自赏：水头，一村据于尧水之头也。助长水之"头"的气焰者，是顺尧水而下三两里，两岸相对各有一村，居然叫南岸与北岸；再往下，尧水在平地舒缓转了一个大弯，那伴之而居的村落，便叫湾里。合湾里、南岸、北岸，尧水之下游层次分明，则处于上游的水头之为水头，地理理由十分充分。这个水头村，便是我填籍贯栏最后一个项目。刚来台湾的时候，我填籍贯必定是这样：湖南省茶陵县尧水乡水头村。近年来，那籍贯栏缩小得只够填湖南二字，有时甚至只够填一字："湘"——意思意思而已。童年的时计有限，十二年不算长；童年的记忆永恒，十二年贯穿你一辈子。水头村是尧水之头，水头村亦是我的生命之头——虽然我出生南京，只是一种偶然而已。

尧水从哪里发源，如人类从哪里发源一样鸿蒙不明。站在水头村头，溯尧水而上望，崇山峻岭，一层又一层叠上去，以致浮在山顶上的星星，显得十分高渺。尧水便是从这些山里面，转弯抹角，潺潺而出。水头村在它的右侧，村与水之间隔着一片农田，春夏水汪汪，水下有田螺，秋冬旱裂，挖开禾根便有泥鳅。左侧，紧邻水滨是一片自山顶倾斜而下的古林，树根直长到泛黑的潭水里，像纠缠的蛇群。这片古林叫前山。水头村与前山，朝夕相对，水头村却不太熟悉前山。只当秋收以后，水头村作清醮法事时，才有村里年长的人结伙入山，从前山的古林里，砍下一两棵参天古木，拖过尧水，拖回村里，锯成一段一段，搭成一座檀香塔。法事结束那一天，黄昏时分，从塔底生火，直烧到数丈高的塔顶，熊熊的火，袅袅的烟，感谢一年的收成，祈求下年风调雨顺。这是前山给水头村一年一度的直接贡献，否则它便径自生长着，存在着，吸取尧水，化成不凋的碧绿。一年四季，深夜里，前山总是传来一种鸟呼："挖合，挖合，挖合。"一阵阵，一声声，令夜起小便的孩子无端恐惧，立即爬回床上，爬入母亲的怀抱。"挖合，挖合，挖合"，那不知名的鸟自前山呼鸣过来，呼入水头村人的鼻鼾中。

  水头村面着山，也靠着山。那面着的山如此神秘，那靠着的山，倒是上山砍柴的对象。祖父祖母的坟就在后院围墙的外面，巨大的樟树枫树替它们遮盖着风雨。较遥远一些的祖先，便躺在较遥远的山坡上，或山后的山上；至若三代五代以前的先人，清明时节要寻找他们，只有在蔓草与灌木间去猜揣了。有时候，只得端起插着一只筷子的全鸡，朝着大致的方向，供一供以示心意罢了。祖先的怀念已与山林草木融合为一，清明时节的祭扫，是对先人的缅怀，亦是对山林的崇敬。扫墓回来，把祭祀的全鸡切成片块，用大蒜爆炒，一家人围而食之。住在山边的人，便是这样活着，而后长眠着——已死的与犹活的同享着一只鸡。

  清晨的水头村在鸟声里苏醒。打开猪栏，把肚皮拂地的肥猪，赶出猪舍；顺手捡起粪箕与粪耙，悠闲地跟在猪的后面，捡粪。抬头看前山，山头上刚刚有一抹阳光。一头猪有多方面的功用，制造肥料是其中之一。跟在三两头猪后面，可捡一粪箕的粪——每家捡自家的猪粪，这是不成文的规定。然后，把沉甸甸的粪箕，提回毛厕，倒进粪池。早起的主妇端着竹筛子，到菜园边的木槿树去，采摘只在早晨盛开的木槿花。盛开的木槿花，花瓣繁复，一朵摘在手里沉沉的，把露水抖掉，放进竹筛，十朵二十朵端回家去，用米粉沾着下油锅一炸，外面脆，里面软，是下稀饭的好菜。然后，就是从牛栏牵出牛，把犁头扛在肩膀上，一声"嗨呵"，牛在前，人在后，去耕田。这时，太阳已经晒到前山的林梢，全村忙碌起来，只有公鸡闲逸地高唱着。

  在春水盈畦的田里插秧，是将一年的希望，种植在淤泥里。一手抓住一把秧，一手分撇三五根秧苗，插入田里。双腿不停后退，双眼瞄住秧行不尽加长，深弯着腰，头频频点，向着在眼前展开的秧行，致一份虔诚的期待。将一方田掐完，把剩下的秧苗，分成两三大把，椔在一角，以便补换长不成的秧苗。此后，便是守望着秧长成禾，禾长成稻，稻长成穗，穗长成谷，一串复一串。这期间至少包括耘田两次，那便是用双脚在秧行间践踏踩蹬，将野草埋入淤泥，把田中的肥料滚动起来，好让秧根去吸收。

七月是收获的季节，田水已经放干，谷穗把稻秆拉弯到地面。这时候，太阳晒得正猛，镰刀的收割也最忙。这里那里，互传打谷的声响，"嘭，嘭，嘭"，那是一束一束的稻，被激奋的双手握牢，重重打在禾桶的边缘。双手一边打，一边扭转禾束，使每一根稻都摔在桶壁上，向桶内留下它的一颗颗结实的谷粒。于是，午饭的时刻，桶里的谷被挖进箩筐，满毂的箩筐在扁担的两端，应着挑担人的步子，一沉一跃。把新谷倒在院里的晒谷坪上，让七月的太阳曝晒，人则息入堂屋，那里有巴掌大块的粉蒸猪肉，庆贺一年的丰收。

秋天不仅从田里收割稻子，秋深的时候，山上的茶籽也成熟了。十个二十个人相约到山上摘茶籽，采回倒在屋角任其干裂，到了冬天便将茶籽捡出，一担一担的茶籽送往榨油的地方，在水磨中磨成粉，蒸热，放入木槽一榨一压，就有茶油汩汩出来了。茶油不同于豆油花生油或菜籽油，这些油都不香，茶油是香油。

田里有米，槽里有油，山上有柴，水中有鱼，差的就是盐，这是水头村唯一的缺憾。阴历年前，上县城办年货，挑几斤盐回来是必要的。当冬风吹来，身上穿着棉袄，大家围在木炭炉边，外面地上铺着薄薄的雪，家里的妇人们正忙着做腊肉，这种充实感便是我曾经体验的水头村——而今安存？

（原载《烟火人间》，上海人民出版社2008年版）

孔明灯

孔明灯这种玩意儿，不知道中国其他地方有没有，也不知道是不是诸葛孔明的杰作。但是，在我们乡下，孔明灯是农历年期间很流行的一种游戏，也是一种运动。我们乡下过年一直要过到正月十五。初六、七、八以后，要拜的年都拜完了，成年人去庙里赌牌九，四个搭子三天三夜打纸牌，妇女们围在厨房火坑边，喝着喝不完的盐茶。这时候，年轻人小孩子便去玩孔明灯。

孔明灯是一种能飞的灯，能飞上天去。这听起来好神秘，其实，孔明灯只是一种原始的热气球罢了。孔明灯的结构很简单。吾乡产一种皮纸，质地很轻很薄，韧性很强。皮纸的用处很多，拿来糊皮篓或窗户裙子，涂上桐油，可以防水，而且透明。做孔明灯就是用这种纸。我们拿几张皮纸，用糨糊把它们粘连起来，做成一个特大的纸帽子：下宽上尖，底端开一个大口，用竹圈撑开。竹圈中间横系两根铁丝，交成十字，十字上系一把油浸的烂布。烂布点火，火气上冲，便把纸帽子冲了起来，飞上天去。这就是孔明灯。

生活在乡下的人，几乎见不到飞机，就是偶然一见，对那么高渺的东西，很难有持久的好奇。至于飞的鸟、飘的云，那是自然之物，应该在天上的。我们自己造一个东西，能飞上天去，像云像鸟，激动的心情，不言而喻。当你看着那个大帽子似的纸灯，被油布条的火照得通体发亮，"呼呼"的火气烘得纸灯胀开来，拉直了每一根皮纸里的纤维，捉住竹圈的手感觉到纸灯向上的冲力。一放手，纸灯果然自己飞了起来。那放灯人的心情也随之飞起来了。不一会，那纸灯升高了。你抬头看着灯下挂着的那一团油布火，全是橘色火焰，像一团熔化的黄金，腾腾烧入那早春的灰白天空。白色的纸灯驾着金色的火球，直搏霄汉，说不上壮气干云，至少与早来的燕子可以比翼。

我们的孔明灯从我家的前院高墈上起飞，飞过村前的田野，顺着尧水飞下去。这时，运动的部分开始了。五个十个年轻人小孩子，一声"追呀!"大家就朝着孔明灯飞行的方向追去。水头村上面山隈的风，总是把孔明灯吹向开阔的河谷下方去。有时候，它靠着左面的山飞，便飞到南岸村去；有时候，它靠着右手的山飞，便飞到北岸村去。这两条路线都比较好追。因为有平坦的村路可走。有时候，那灯就在垅中间的尧水上面飞，追的人便要跑过许多断续的阡陌，野草乱石的河洲。追孔明灯是要把它捡回来。我们乡下的习惯是，谁捡到孔明灯，孔明灯就算他的。

孔明灯的飞行距离，视系挂的油布条而定，而油布条的多少又视灯的大小而定。通常，我们做的孔明灯是小型的，大概可以飞三四里。等油布条烧光了，没有上冲的火气，那孔明灯就落下来了。追灯的人最好是预先赶到落灯点，等在那里，在空中把孔明灯接着，一双手端着它的竹圈，另外的人赶快把油布条的余烬挑掉。假使孔明灯落在地上，没有火气，皮纸帽子会塌下来，压在余烬上，灯会烧起来。所以，追孔明灯不仅要提防人家把灯捡去，也要防它被自己的火星烧掉。

就我的记忆所及，在乡下住了六七年，我们每年都会放几只孔明灯，而追回来的时候不多。要不是人家捡走了，就是落地烧掉了。有时候，孔明灯驾着疾风，飞得特别快，飞到下尧水去了。那是十来里的路程，我们只有望灯兴叹，不追了。孔明灯只是玩的，费用也不高，捡不回来或烧掉，大家一阵哈哈大笑，回去再做一个。只有一种情况会引起相当的失望，那便是纸灯刚刚飞上去，由于风太强，或油布条没有挂正，灯笼像一口钟左右摆动起来，纸灯横打，触及油布条的火焰，立即烧个大洞，漏了气的灯，立即下坠，还没有落到地上，已经烧光。"烧掉了！烧掉了！"沮丧的追灯人停止了脚步，翘首看着那团油布火，像流星一般掉了下去。

水头村是个小村庄，三十来户人家而已，有个时期降到二十四五户。水头村的人口不多，不能做什么大事情。春节放孔明灯就是一例。我们水头人只能玩玩小孔明灯，南岸村或北岸村，人口都在两百户左右，就可以玩大型的孔明灯。我们的小孔明灯多半是我们家单独做的。回保哥用几张皮纸糊一个，高不过三四尺，直径不过两三尺，一个人提起纸灯的尖顶，一个人端住竹圈，一个人点火，就可以放飞了。我们的孔明灯通常飞不过三五里，就下降了。南岸北岸的孔明灯可真大，大得像一个打禾桶，有的比打禾桶还要大好几倍。打禾桶有多大？大人可以躺平在底上睡午觉，头脚都碰不到边。

南岸北岸玩孔明灯是由祠堂出钱，或者由地方殷实人家捐钱来做，经常几十个人参与其事。我们的小孔明灯的竹圈粗如小手指，他们的巨型孔明灯的竹圈，是用宽达两三寸的竹片，每片长一两丈，一根一根用苎麻扎接起来，打成一个大圆圈，直径可以达到三四丈！他们也是用皮纸来糊灯笼的部分，但是一层不够强，要糊好几层，厚得像薄牛皮。中间生火的地方不是两根铁丝交成十字，而是做一个大铁丝网，可以装几十斤的油布条。光是烂布，就要挨门挨户去讨一大堆；浸渍的油要许多斤，若不是祠堂卖掉几担谷子去买，就是到各家去捐，一户一瓢或两瓢。

孔明灯做好待放，全村爱看灯的人都集合到祠堂前面的空坪上，孔明灯被抬出来了，像几十条被单堆在一起，放在空坪中间。几个人先钻到塌在地面上的纸灯下面去，把皮纸灯顶起来。另外的人将油布条装进铁丝网里，升起一堆小火，让热气把皮纸灯慢慢撑开，渐次加油布条，让火焰渐次旺盛；这时，皮纸灯随着升起、挺起。最后，把预备好的油布条全部加上，烧起一网熊熊的大火。于是，整个灯挺立起来了，伸展开来了，皮纸发出干燥的"轧轧"声，每一个皱褶都"啪"的一声拉开，整个灯终于像一座点亮了全部灯火的房子，明晃晃矗立在空地上，高到祠堂的屋檐，甚至还高。十几个人抓住孔明灯底部的竹圈，互相警告"抓紧啊！不能松手啊！"。因为，若是有人松手，火气的力量很大，灯便会冲上去，可是，火气还没有饱和，灯会倾斜，就有烧掉的危险。所以，一定要让热气把整个灯鼓胀到了十分，领头的人就大叫："一，二，三，放！"大家司时放手。那孔明灯驾着呼呼的火焰，先是往上一纵，而后平衡上升了。站在地上的人鸦雀无声，仰着脖子，呆望着那么庞大的一个东西，大得像一座房屋，竟然飞上天去！

有时候，人们会在竹圈四周挂上长串的鞭炮，拖着长短不等的引信。孔明灯离地时，引信被点着了，待灯飞得很高，一挂一挂的鞭炮便次第燃着了。先是闪出火花，而后传来"哔啪"的炸裂声，震彻了整个上尧水五六个村庄。鞭炮的纸屑像蝴蝶一般纷纷飘下，硕大的孔明灯往天上直冲。这种大型的孔明灯可以飞得极高，高得从地面上看，像一只白鸽，而那一网火变成了一颗金黄的星星。

追孔明灯的人先都准备好了。确定了灯的飞行方向，几十个人一大队奔了出去，他们都是村里的年轻汉子，长跑能手。因为，这种大型孔明灯一飞就是二三十里的距离。要追上它非得有好脚劲才行。常常，一追好几个小时，追到下尧水去县城的路，追到左邻的严塘，或右邻的腰陂镇去。风大的时候，灯飞得太快，飞得太远，追了几十里都追不上，追灯的人只有停脚在什么岗阜上，望着它飞到天边去。不知道它会在什么陌生的天空里烧尽了油布，不知道它会落到什么陌生的地方，给什么陌生的人带来惊讶与喜悦。

若是追着了，数十个人轮流把它抬回来，抬回祠堂里，检查有没有破损。一批人修补，一批人又去讨布捐油，准备第二天再飞。春节放孔明灯，是游戏也是运动，没有目的，就为了好玩——为了感受它那股挣脱地面上冲霄汉的劲道，为了望着它在早春阴暗的天空里飞腾，为了它那一把烧到苍穹里去的金色的火，为了散开双腿矫健地跑过田野、跑过桥头、跑过山脊，为了追、追、追。就为了这些，我们做孔明灯、放孔明灯、追孔明灯，直到有一天，孔明灯烧光了，飞走了，春节也完了。这里没有惋惜。一年的新春随着孔明灯消失了，明年的新春会带来明年的孔明灯。到时候，原野里又会出现健步如飞的青少年，空中又会飘舞着白色的灯驾驭着团团金色的火焰。

（原载《烟火人间》，上海人民出版社 2008 年版）

冬天的泥鳅

　　一个淳朴的农村，是一条木舟，系在季节的河边，随着时令的水波起伏着。冬天进入静态，休憩着。农夫若是荷着耙箕，走向田亩，不是去戮力农事，而是去挖翻禾根，捕捉根下的泥鳅。一棵禾根下面，总有三两条泥鳅，光溜溜，躺在田泥里，冷得不想动弹，被粗大的指头捡起，放进鱼篓。提回家去，用干辣椒煮炒，是冬天晚饭的一碗好菜。

　　有一年，我跟宋生爷到屋后山田里去挖泥鳅。宋生爷是捕鱼能手，善于钓鱼、摸鱼、照鱼、挖鱼，凡是捕鱼的伎俩，他都精通。他在前面背着耙箕，我在后面提着鱼篓，一路上落叶的树已经落尽叶子，田埂上的豆角藤枯干得像铁丝，在冬风里抖颤。田里是一排一排稻子已割剩下的禾根，耸出已经干裂的田地，都是一个高度，整整齐齐。我们从田埂上踏下田里。宋生爷挥起耙箕，一耙一个禾根，翻过来，居然找不着泥鳅。他自言自语："呃，到哪里去了？"我提着空篓子，站在他身后的一侧。（你不能紧站在一个挥锄头或耙箕的人的身后，那工具的木柄往后撞来，会戳中你的胸部或下巴。）宋生爷再掀了几个禾根，便伸直腰，提起耙箕，皱起眉头，向四周望，在找泥鳅。终于，他走向这丘田的流水口的地方。春夏田里有过剩的水，便从这个缺口，过通田埂，流到下面的田里。现在田已干裂，靠出水口的那一圈比较低下，还是比较湿润，作黑色，不像其他的地方，作灰褐色。宋生爷好像发现了什么，走到那块湿润的地方，举起耙箕就挖。他挥耙入土，顺着下挖的余力，往后一位，整棵禾根——我们叫"禾兜子"——被掀翻过来。我的天，那溶溶水湿的泥巴里，挤满了泥鳅，好像什么人把一篓泥鳅倒在里面，拿禾根给盖住。耙箕丢在一边，宋生爷蹲下去，伸开五个手指去抓。我也蹲下，双手捧着鱼篓的口，接着他抓起来的泥鳅。他先把露在外面的泥鳅抓完，再用手指挖更深的稀泥巴，一挖，一捏，四五条泥鳅就从指缝间钻出来。宋生爷把出水口附近的禾根都掘翻过来，一边喃喃自语："原来都躲在这里，都躲在这里。"那一次，我们得到满满一篓的泥鳅——其实，泥巴里，还有的是泥鳅。宋生爷说："留着以后来挖。"便把翻起的禾根推平复原，好像要保护那下面的泥鳅免得受冻似的——我提不动鱼篓，宋生爷自己提着，我替他背着耙箕。在我的记忆里，这是挖泥鳅收获最丰硕的一次。

尧水的冬天，并不多雪，但也冷得可以，至若早上打霜，那是天天如此。清晨起来，院子里的石头上，木板上，屋顶的瓦楞上，总是一层淡白的霜。这样寒冷的气候里，万物都藏起来过冬，泥鳅便钻到泥巴下面去，特别是钻到禾根下面去。是不是禾根下面有根须，比较保暖，还是比较通气，还是水分较多？总之，冬天田里的泥鳅，都钻到禾根下面去了。故乡的稻田不用化学肥料，不用农药。其实，什么化学肥料，什么农药，我们乡下人连听也没有听过。也许，在儿童小学的公民书提过这些名词，反正我是不记得了。台湾的田里，由于用化学肥料与农药，大概泥鳅绝了迹吧——据说，只在田外的水沟里才有。我们家乡的肥料，都是所谓有机肥，不仅对泥鳅无伤，可能还有营养。难怪，我们的田里挤满了泥鳅。

从田里挖回来的泥鳅，最好是在水缸里养它三两天，甚至十天半个月，让它吐出体内的泥浆，吃起来才不会有泥浆味。泥鳅大概与鳗鱼同科，跟鳗鱼的形状完全一样，只是具体而微，小的若小指头，甚至更小，大的若大拇指——我没有见过更大的——通常的大小，都跟食指差不多。圆滚滚，滑溜溜，你无法把它剖肚取出内脏，吃泥鳅，你是吃它的全部。所以，新挖来的泥鳅，特别是从禾根下面挖来的泥鳅，最好是养它几天。（夏天的泥鳅，浮在水面上，泥浆气轻多了。）要吃的时候，便用竹编捞箕向水缸一捞，捞上来一捞箕或半捞箕，向烧红的铁锅里一倒，立即盖上锅盖。顷刻间，锅盖下面好像有满锅稀饭在烈火上翻滚，可怜的泥鳅正在作垂死的挣扎。（这种温情主义原是不必要的。）过一会儿，锅盖下面寂静无声了，揭开锅盖，原来是黑黑的泥鳅，都变成灰白——它的表皮已经粘在滚烫的铁锅上。根据一位"鳗迷"的经验，鳗鱼的皮很好吃，尤其是日式的烤鳗。不过，我们家乡人不吃泥鳅的皮，所以用上述炮炙之法，把它的表皮给掀掉。这时候，把泥鳅铲出，施力铲掉粘在锅上的鱼皮，丢掉。把锅弄干净了，再把泥鳅倒回锅里，加盐加油去煎炙。泥鳅经过煎炙，又会转黑。烹饪的主妇将泥鳅就着锅沿，用铁铲将泥鳅压扁，使它煎得透，使它遍体都吸进盐味。

吃鱼非得用辣椒不可，辣椒可以治鱼的腥。在夏天里，煮新鲜草鱼，加入新鲜辣椒，那味道可以令人吞下舌根子。冬天没有新鲜椒辣，便用干辣椒炒泥鳅。我们吃干辣椒不像韩国，整个整个地吃。（附记一笔，吃干辣椒，韩国人可能为世界之冠。我在汉城看到过一条辣椒街，两侧的商店全是辣椒店，店内的干辣椒，分品分等，堆积成山！）我们是用剪刀把干辣椒斜斜剪成梯形片段，一剪就是一畚箕。这样，整畚箕的辣椒全部倒进锅里，和着干扁的泥鳅炒一炒，然后加水加豆豉油，盖上锅盖去煮。煮十来分钟，干辣椒吸收了水分，一节节肥胀起来，泥鳅出没在辣椒间，一股又脆又软的样子。锅子里冒上来的蒸气，是泥鳅的鲜味，也是辣椒的辣味，可以出锅了，于是铲成一大碗，或分成两个中碗，端上桌去。

湖南人吃辣椒，在中国是出了名的。我们可以吃火煨辣椒，可以吃净辣椒，加了鱼的辣椒根本就"不辣"，连小孩都敢吃。我们小时候在家乡，就跟着大人一起吃辣椒泥鳅。有时，我们没有别的菜，桌上就是这么一碗辣椒泥鳅，不吃也得吃，吃惯了也就津津有味。于是乎，三五碗饭，在辣椒泥鳅的伴送中，下了肚子。真的，我们吃饭，一顿总是四五碗，从来没有听说过，一餐饭只吃一碗，甚至半碗！——这在我们乡下人听来，这种食量的人大概是得痨病了。辣椒泥鳅的味道是辣而鲜，最容易下饭。一家围坐一桌，在一盏油灯下，"呼呼嘘嘘"的一阵吃饭声，转眼间辣椒泥鳅的菜碗空了，只剩下碗底的汤汁。

这里，我记得一件趣事。我家当时最小的就是我妹妹，大概只有六七岁。她跟我一样，和大人同桌吃饭。我家人多，菜一上桌，在十几双筷子竞争之下，不一会，一大碗辣椒炒泥鳅只剩下辣椒，不剩泥鳅。这时我妹妹就会嘟起嘴巴，说她没有吃到泥鳅。宋生爷喜欢作弄人（我们叫他爷爷，是他的字辈大；年龄上，他比我父母小得多），每逢我妹妹这样噘嘴巴，他就说，泥鳅钻到碗底下面了。妹妹信以为真，端起菜碗，当然底下空空如也。这下子，她放声大哭起来。有一次，宋生爷居然在自己饭碗里留下一条泥鳅，趁我妹妹没有注意，把泥鳅塞入碗底下。等我妹妹又为泥鳅哭脸时，他说："小元，小元，泥鳅钻到碗底下去了。"我妹妹以前受过骗，不信他。他说："你端开碗看看，端开碗看看。"妹妹禁不住他的催促，端开碗底，果然桌上有一条泥鳅，这下她破涕为笑了。

说实话，我不大喜欢吃辣椒炒的泥鳅，因为上层酥烂，咬进去，碰着一根硬骨头，不舒服；此外，我也不喜欢嚼泥鳅的头。我最喜欢的是拿汤汁泡饭，那真是下饭的最佳佐料，又咸，又辣，又鲜，又滑。饭不必用牙齿嚼，也不必用喉咙吞，就滑下肚去了。此外，我也喜欢拿炒好的青菜，蘸着辣鱼的汁来吃，这便是鱼和辣椒的味道之外，又加上了青菜的爽口与清新了。冬天天寒，下塘下河去捕鱼不可能；猪肉，要去十里外一、四、七逢圩的日子才买得到——而一般乡下人谁买得起？所以，在冬天，去田里禾根下面挖泥鳅，便成了乡人桌上唯一的一碗荤腥。

（原载《烟火人间》，上海人民出版社2008年版）

好歹再活二十年

从1988年以来,每年我返回大陆两到三次,二至五个月。我住上海的时间较长,返回老家水头住的时间较短,有时只有两个晚上,最长也不过二十来天。今年春夏之交,我又回到水头,住了九日。

我返乡主要目的,是替父母扫墓。今年又增加一个新项目,到颜家祠堂献谱,欢宴同村乡亲并分赠族谱。这次修谱为六修,花费近两年时间。由在乡七位人士,颜国华、颜峥嵘、颜团仔、颜桂奴、颜小林、颜雪刚、颜秋生,齐力修浚。我身在台湾,幕后资助而已。

讲到献谱,这是我的主意。我想修了新谱,应将新谱跪献于列祖列宗之前。主意一出,立即获得乡亲们热烈响应。献谱礼早上开始,我为主祭。全村六十多户颜氏家族,每户出鞭炮一挂,齐聚祠堂大坪,请来乐队身着军服操演。此时鞭炮声大作,喇叭轰鸣,声音之大,我在内堂亦深感震撼。我的小孙儿颜恺一岁半,原以为他会被吓到,不想他坐在我妻身边,若无其事,真是颜家好种!

喧嚣两个多小时,十二点宴会开始。席开四桌,每户一位,热闹非凡。我因腿伤行动不便,乃嘱妻燕然率三子学恒、三媳刘慧勤、孙子颜恺,逐桌敬酒。

算起来，我欢宴全村乡亲已有几次。第一次是庆祝颜氏祠堂重建落成，第二次是迁葬父母落叶归根，这次是第三次。我之特别礼遇乡亲，一者是我家父母以来的传统，二者是回应乡亲们以表谢意。他们为感谢我出钱修谱，每家出一名义务劳动者，有六十多人，用一天时间，将我钟爱的环麓步道通向父母坟地的山径和水头桥路边的灌木杂草，清除得干干净净。因此我要请他们吃饭，敬他们酒。

既然扫墓是第一要务，回到水头的第一天上午，我们便带了香烛纸钱鞭炮，登山拜祭父母。扫墓一切如仪，只是这次是颜恺和他妈慧勤第一次扫墓，我们带了草席铺在墓前，供他们夫妻儿子三人跪拜。小孙颜恺居然学着父母一样，跪拜跪拜再跪拜。看得我与老妻乐不可支，想必地下的老爷爷老姆妈也乐开怀吧。

回到水头第四天，学恒他们三人与姨婆先回上海。那天下午傍晚，我在院子里休息。忽见一辆白色面包车驶进村里，稍后又来了一辆黄色中巴，都是新车，很摩登。等两车离去，我回过神来问身边一位乡亲："那是什么车呀？"他说："这是送学生回家的车。"我大吃一惊，什么时候有汽车送学生们回家！仔细盘问，才知道面包车接送幼稚园孩子，中巴车接送小学生，早晚绕各村一圈，车辆汽油司机全由政府供应，这真是大好事。看到两车行驶于田野间，那种惬意，我恍惚到了美国。

其实，我仔细一想政府的德政，还有更大的。两年前政府宣布取消了官粮田赋，数千年沿袭的农民向政府缴赋纳粮的规制一夜之间荡然无存。如今不但一粒谷子不必上缴，而且只要耕种，政府还会每亩补助二百元。这才是惊天动地的大事变。

震撼之余，我还是悠闲地在我的环麓小道散步，其实是练习走路。我们一行三人，刘亲家，颜团仔和我。刘亲家替我拿藤椅，团仔一路扶我，我们走到竹林下休息。一片大竹扶摇，轻风拂面，最舒服不过。而后我们继续前行，山路起伏，好练脚劲，走到小山顶端又歇息一阵再下山，全程四百余米，对我的腿伤颇有帮助。刘亲家带着笛子，休息时就吹几曲，幽谷为之回响，我与团仔倾听着，心中溢满安适和平静。吃过晚饭，乡亲集聚在我的门廊前，村书记颜二连也加入闲聊中。常有五六个小女孩在旁唱歌跳舞，赢得满场掌声。大家要玩到十点左右才散。我白天的两顿饭都被乡亲们请去，餐餐盛宴。排不上队的就坚持去喝盐茶，有时一天要喝四次盐茶。轮不上请吃盐茶的，便送鸡蛋鸭蛋江鱼或自制的茶食。乡亲们实在是热情。

离开水头的前一天，村主任颜小荣借来朋友的车子，让我和刘亲家往火田方向作一次山林之旅。火田在深山里，我从前去过一次，但未深入。我们的车爬上水头对面的山，先造访了花木村，村书记邀我们下车喝茶，我们心领了。车子驰进群山，不一会看见一幢全新的大型建筑，墙面砌花，时髦漂亮，一问之下，回声说："这是新盖的发电厂，我们尧水用的电都是这里发出来。"继续前进，迎面一片茶林，看来似曾相识。颜小林说："伯伯，这是你们家的茶山。"我记得小时曾随爸爸到此采茶籽，如今青山依旧，心中一喜。再往前走，见绿竹覆盖，刘亲家大叫："绿云！绿云！"这里的竹子长得与他处不一样，一棚一棚，真是绿云朵朵。

我们的车子平滑前进，车速相当快，一点也不颠。原来路面全都铺上了水泥。我要小解，车子停在一家店门口，有颜家后生扶我下车，居然是一家中型超市，不可思议。细细一看，这是一条山谷中的街道，两边住了许多人家。

不一会，我们来到一个大盆地。我左右望去，约莫三四公里宽，四周满布房舍，中间是稻田池塘。同车的乡亲说，这就是火田。火田的房舍都好过水头、南岸、北岸，淅沥沥的小雨中，有三两戴斗笠的人行走在马路和田埂上，他们都是客家人。这个高山窝真是一个避世的好去处。

我们没有停车，爬上对面的山腰，转个弯到了"皇雩仙"。靠山脚旁边有道教庙观，往庙观左前数步，一股大泉水自山洞奔流而去。入得观中，三位道士起身招呼，我向道座行了三鞠躬，捐了五十元香火钱。出得观来放眼望去，见远处深谷有一水域，乡亲说是水坝，过去是江西，在过去就是井冈山。由于路还没有修通，我们只好回头。

火田之行来回三小时，途经崇山峻岭，山上树茂林密，又目睹客家村居，是返乡之中一次最可贵的自然之旅。

我返乡住了九天后来到市里。在那里我接受电视采访，受到热情宴请。席间，市领导送我一只"主席瓷杯"，精致绝伦。我回送两本书，一本是我唯一在大陆签约出版的散文集《烟火人间》；一本是收罗我两篇文章的《百年美文》，它的主编乃北大名教授季羡林。能得到季老的青睐，我算是厕身历史了。

我这次亲身感受了这个工业城市的巨大变化。十几年前，我坐火车返乡路过时，市容脏乱，经不起看。现在，建筑宏伟壮丽，马路美丽清洁，行道树碧悠挺立，就连小巷也整修得很美，完全出乎我的想象。

屈指一算，我已有十五年未稿一字，未刊一文。此次应《诤友》之约，连日伏案涂鸦，这可能是我的封笔之作了。我最后一个希望，透过我十五年前退休时写的一首诗表示出来：

六十五岁生日

好歹再治二十年，坚持残喘留此身。

只待经济中胜美，哈哈大笑可长眠。

二十年内经济中胜美，这是美国克林顿综合国际经济学家推论所提出的。就今日大势观之，克林顿的预言终成事实。

伟哉，中国！

（原载《诤友》总2期）

向建设中国的亿万同胞致敬

——读何新先生文章有感

不容洋奴座上宾

两年前读到王晓波兄痛斥索拉兹与台湾"索奴"的文章,读得我老泪纵横;今天读何新先生的大文,痛陈我中国之立场,也读得我泫然泪下。我是不会为"凄凄惨惨"流泪的,更不会为"星星心心"流泪——父母八十六高龄寿终正寝,我亦流泪不多——唯独为中国的命运,为中国的近代史,为中国当前的挣扎、奋斗与成就,我有流不完的悲痛泪,流不完的兴奋泪!信不信,我为亚运183块金牌,也情不自已地流泪——无他,别无他因,只因为我们中国太需要成就,太需要出人头地的成就"驱除鞑虏"已往矣——大家都是中国人了——唯独"振兴中华",则"同志仍须努力"!而40年来的中国,虽说走了一些弯路,但是除非是汉奸、除非是洋奴、除非是鲜廉寡耻的"烂香蕉"(这包括那众多的心灵被西方殖民的华人知识分子在内),才会说40年大陆还在原地踏步,甚至倒退,说长江变成黄河(这是我的一位已入美籍的高中老同学亲口对我说的,而他既未去过黄河,也未去过长江),说黄河变成"黄黄河"(而事实上"黄河的水变色了"——见年前台湾某报"大陆新闻"),说漓江变成一条泥水沟(去过漓江的千万台胞,是吗?)!老兄,你依在美人篱下睁开瞎眼说瞎话,你完全背离事实,完全盲目于真相(他哪里都没去过,只去过昆明!)地球只有一个,中国只有一个,你这么糟蹋你自己的祖国,你究竟是"人"还是"狗华人"?(我当即把这个来访的老同学——老汉奸!——赶出我家!真的赶出去。我家不容洋奴为座上宾!)

打开天窗说亮话,中国的前途不在台湾(什么叫作"台湾经验"?可笑!),中国的前途不在港澳,不在海外华人,不在舔洋人后跟的学运民运小丑,中国的前途在中国大陆,在那13亿心含"鸦片战争"之耻,心含"八年抗战"之恨的中国人身上!他们的衣衫褴褛地制造出原子弹、氢弹、中子弹,他们蹲茅坑却射出长征火箭和载人飞船,他们以捏泥巴的双手举破世界纪录,他们磨破屁股夺回整打的奥运金牌,他们重建唐山而成联合国颁奖之世界模范市……同胞们,他们为的是什么?没有别的:他们爱此"中华",他们不能让"中华"再陨落!

为什么美国人那么爱美国,为什么日本人那么爱日本,为什么有些走向"世界公民"(可笑的痴梦!)的中国人就不爱中国?爱中国,不再只是口号,不再只是情绪,而是要像大陆40年,苦心孤诣胼手胝足,不仅流汗甚至流血地干,干,干!把大庆油田打出来,把北大荒垦出来,把葛洲坝拦江筑起来……难以屈指的各种建设,无数的建设,把中国建设起来,这才是爱中国!而中国已经被热爱了40年;她将继续被热爱,被那群建国者,真正的建国者,所热爱。(我手边这部大陆编《新英汉辞典》,这部大陆版《辞源》,编得如此周全,印制如此精致,细小的铅字用放大镜看都划划清晰,而且从来没有看到一个错字:我为他们的心血表现而发抖!而我们台湾,40年来,哪部英汉辞典不是翻译剪贴旧作!惭愧哪,台湾经验!)

一辈子吃两辈子苦的拼搏

　　大陆上的人说，他们一辈子吃了两辈子的苦。痛心的话，悲痛的话，却也是令人肃然起敬的话。试问：不是一辈子吃两辈子的苦，一辈子怎得两辈子甚至三辈子四辈子的成就？40年前中国落后西方百年，40年后还落后10年20年（基础科学若干部门已与西方比肩，甚至超前）。这不是一辈子吃两辈子苦成就的么？40年前中国参加奥运亦总是扛着零蛋回，40年后中国的奥运成绩已扬名世界。谁敢再说中国人是"东亚病夫"？这就是"吃两辈子苦"的成就！我的老同学傅孝先留在大陆的姐姐，搞化学研究的高级科学家，52岁就死了，是活活地给研究工作累死的！累死，多值得的死！她不累死，千千万万的她与他不累死，中国科学怎么迎头赶上西方！怎么出人头地！"革命不是请客吃饭"，建设文明文化也是要死人的！尤其是要"超英赶美"搞建设；而不"超英赶美"，永远跟在英美之后吃英美屁，中华怎么振兴，怎么出头！

　　所以，40年来，中国大陆是"炼狱"。什么是"炼狱"？就是经过火的洗礼，能够升入天堂。中国过去40年的苦难，是"炼狱"的苦难，是有提升功能的苦难，是有建设性的苦难，是追求成就的苦难。就像你要考上台大而一年不看电影的苦难，程度不同，性质则一。吃得苦中苦，方为人上人。苦出头来的中国人，如今在人类中已经崭露头角了。所以40年的苦难不是负面的、消极的、毁灭性的；它是中国的大蜕变，政治蜕变、社会蜕变、到精神蜕变（现在的中国人不再是"差不多先生"，而是竞泳则争半掌之长，射卫星不出毛病的"精准先生"）。而我们在台湾，侥幸而不侥幸地躲过了这场"炼狱"的煎熬，40年隔岸观火躲过了这场火之洗礼。就个人的福利言，我们是幸运者；就重建民族国家的责任言，我们是十足的逃兵！我们就像肢体残障者站在路边，看着一队队的男女好汉走上战场，看着他们、她们的尸体被抬回来，或者看着他们、她们流血呻吟地爬回来，裹好创伤又冲上去。我们呢，隔岸观火；而他们呢？他们拼搏，他们打仗，他们打的是我们的仗，打的是150年来的民族复兴之仗，打的是为全体中国人争一口气的仗！而我们呢？我们还在讪笑他们的厕所没有门，讪笑他们的所得低，甚至视他们为仇敌！我们究竟是什么？一群没有良心的市侩？一群没有人性的畜生？

"中国之光"中国人共享

然而，一个民族国家的羞辱，像雾一般落下来，无可取舍，你非承受不可（就算你入了美国籍，认同美国，为美国去中东作战；你若战死，你的讣告中仍然是"美籍华人"，而不会像别人一样成为"美国人"）！何必骗自己啊，昨日今日以及今后的三五万日，民族主义还都是当令的食品，不认同自己的民族只有做异族之奴。同理，一个民族国家的荣誉，也无可取舍，它会像太阳一样，你非被照射到不可。中国今后的光荣，苦尽甘来的光荣，你是无法拒绝而非接受一份不可，连反中国的中国人也将同浴于中国的光辉中！这就是说，我们在台湾的中国人管你是台独、独台或统派或无党无派，一旦生为中国人，今后你将分得一份"中国之光"。虽然我们没有为这"中国之光"之诞生做出什么贡献；无功受禄，我们实在太侥幸！侥幸之余，我们至少要"吃果子拜树头"吧？总不能吃了果子，又对那棵树冷嘲热讽或视之为敌吧。这是什么样的一种肥心症，象皮病！

中国的问题很复杂，其实也很简单，简单得只有一个字：干，干，干！多加三个字：苦干，实干，硬干。因为中国缺乏的就是成就，要成就只有干。干，说来容易做来难。个人想干，个人有惰性；团体想干，团体会涣散。这时候，你自己摆脱不了惰性，就得有人鞭笞你；团体反侧于涣散，就得有人严加管束。其实，就像你考大学，你自己督促不了自己，就得有师长有父母在后面鞭策，甚至补习班鞭策也是应该，假使你想考上大学，而考上大学就是一切！就中国言，建设国家就是一切！于是，在中国的问题上，你就知道为什么有集体主义之必要，社会主义之必要，权威专制之必要！

当然，假使中国有一万年的悠闲时间来完成她的现代化，那么一切慢慢来，随各人今天做一点明天做一点，一万年做不成，10万年总可以做成吧。可是，中国原已落后，而这是一个竞争白热化的世界，我们哪能悠闲！我们不仅要快，而且要比别人快；不快不足以竞争，不比别人快不足以超前，至少迎头赶上。这就更显出专制、集体、极权之必要！因为，只有这种精神，这种体制，才能团结一切的人，团结一切的意志，一切的力量，众志成城，万众一心，处处攻关，力成大业。就算是西方人笑讽中国人是"蓝蚂蚁"，我们为建国却必须做"蓝蚂蚁"，必须是千千万万的蓝蚂蚁，像蚂蚁一般单纯一致，才能造就出比我们个人大千千万万倍的大堤坝。再造中华，必须是每个人捐弃一己之见，乃至捐弃一己之身，为的是中国这个大堤坝之建成。要讲求个人意志，要讲求个人欲望，个人利害，必然是蚁群四下溃散，永远建不成任何东西！而中国就是要建设，要成就——君不见现在"大英"的文明文化榜上中国有几人？

自中国近代史中解放

这就是为什么，为历史上此刻的中国，我胆敢高呼：反民主！反自由！反西方民主！反西方自由！抽象地说，自由民主绝非绝对之善；而落实在历史的流程中，对此时此地的中国，它们是相对之"恶"！因为，自由只会使中国涣散，民主只会使中国崩溃。有人也许会讥诮：中国人为何如何可怜，竟然承受不了自由民主之"福"！我要反问以这种西方价值为价值的人：自由有什么了不起！民主又好在哪里！日本、德国的称雄，是它们的民主自由超过英、美？英国如今衰微了，是它的自由衰微？民主衰微？美国今日超强，是它的自由超强？民主超强？而美国的自由民主扩散开来，正好变成美帝国主义的原动力！不是烟草资本家有剥削的自由，台湾怎么变成美烟的垃圾场！"鸦片战争"还不是一个君主立宪笃信基督的英国做出来的"撒旦之战"！而最重要的关键是：这些东西对中国有什么好处？这些东西能帮助中国达成中国的历史目标？曾经有学生问我：老师，中国民主重要还是强大重要？我说：废话，当然强大重要。中国若不强大，而中国自由民主了，中国可没有什么东西可以保证。中国不还是清末民初的中国，不还是次殖民地的中国，不还是"华人与狗不得入内"的中国！所以，中国人必须以一条裤带束紧千万亿腰杆，中国人才得解放，自中国近代史中解放！自列强的囹圄桎梏中解放！

西方人是充分了解这13亿"蓝蚂蚁"的可怕，这13亿众志成城的"蓝蚂蚁"的可怕，于是他们用"自由民主"的口号，企图分化我们，打散我们，划割我们，制造我们的内在矛盾，让我们自己互相抵消。因为，拿破仑早已叮嘱他们："让这条龙睡吧，他一醒来，西方世界就麻烦了。"可怜可鄙亦可悲那些蠢材，连这点简单道理都猪油蒙心看不透，一味地接受西方价值，试图分裂中国，为西方的终极利益服务……让西方继续为世界之主，中国为奴，而尚自以为是为了中国好。我告诉你们：当西方人对你翘起拇指叫"好"时，你已是一个不折不扣的卖国贼！除了你们这一小撮猪油蒙心的小丑之外，天下任何聪明人都深知"人不自私，天诛地灭"——民族利益就是我们最大的私；而为国自私，更是西方帝国主义的当行本色，美国人更是如此。世界已被西方帝国主义 dominate 二三百年，洋奴们，心头被殖民的洋奴们，台湾的"倭奴"和香港的"英奴"们，难道你们的"婢妾惰性"如此深重，如此安于为奴现况，不也想换换主子，让中国人骑在世界之屋脊上?

为中国申冤,为中国宣告

何新先生拿那个日本教授做谈话的靶子(东洋亦是中国之敌),长江大河似地滔滔不绝,他所谈的细目有些专门得超过我的门外汉了解,但是他的大意,是为中国辩护,是为中国申冤,是为中国宣告,总的而言,正如他自己所说:一切就是为了"爱中国"。他的这个基本立场,赢得我最深的敬佩,最大的认同。从纵的历史上看,从横的国与国的相对关系上看,中国的未来必能使"爱中国"的中国人,不再是孤臣孽子式的悲剧人物;"爱中国"的人,中国的命运必会使他们变成崇高的喜剧人物。说真的,经过150年的衰微,中国还会继续衰微?经过40年火浴的中国,已经走上复兴之路,除非是山崩地裂,这条路中国一定会继续走下去!中国已经强大,明日的中国若不更强大,那么天理就不成其为天理了。反省我的爱国情操,似乎浓烈得近乎疯狂;其实,我只是一个"机会主义者",只是一个识时务的人而已。历史大趋势这么明明白白地摆在面前,我跟着它走,实在只是大潮流的跟屁虫。但是,我乐于做这么个小虫子,因为今后中国的历史命运之完成将正是我一生梦想之实现。我如今是每天喜滋滋看着中国把世界金牌一块块摘下。

(此文最早发表于1991年,原载《一片冰心在沸腾》,海峡学术出版社2013年11月出版)

盘古龙之再临

——答苏晓康先生

"11亿中国人像长江像黄河，日夜奔流，不会为谁止步，不会为谁停留。它会灌溉你，也会淹死你——看你置身什么方位。中国之存在，岂是为了取悦世人的！只会冬眠不会死的盘古龙，这是你第几度觉醒？第几度降临？"（拙作《忆长江》）

苏先生，昨日才读到你在香港《信报》骂我的文章，从一方面说，你写得不是没有道理。因为，大陆同胞过去三四十年既然如此受苦受难，甚至牺牲性命，而我却在一旁鼓掌叫好，看似我是太残忍了。苏先生，容我先告诉你一个私人故事：我是独生子，自幼跟表兄刘超一同长大，虽是表亲，实同兄弟；加之超兄生性耿介，判事有独到之明，数学生来天才，令我自小就对他十分崇拜。40年前，我们来台湾，他留在大陆，"文革"的时候，在沈阳东北工学院做教授时被红卫兵整死（关牛棚20余天，放回家就死了）。他的死对我打击甚大，一时冷冻了我对大陆70%的热情。我日夜苦思苦想，我的童年的哥哥，就这么去了吗？就这么平白无故地死了吗？就这么白白地完了吗？在这种绝望的低回中，我想，人死不能复生，但是，他的死总该有点什么价值，有点什么意义才是吧——就我个人言，才能给我一点点安慰。我试图为死者扳回一点什么，想给他的死赋予某种意义、某种价值，于是，我这才可以说"发明"了这个"炼狱"的说法：刘超的死应该视为一种牺牲，一种祭献，是在中华民族大祭台上的一头羔羊之死。

　　上面这段话。让普通人看了，也许会说我莫明其妙，荒诞不稽；你是有学问的人，你当然知道我的立论是凭借什么"原始类型"。耶稣死在两个盗贼之间，死得如同任何血肉凡人；但是圣保罗说他复活了，他的死乃被说成一种牺牲，他死了乃成了"舍身赎人"的奉献！死亡的意义或由自己肯定，或由后人确立——死亡的意义是可以被发明或发现的。苏先生，我是不忍让在这个大激变中死去的千千万万中国人，不忍让他们死得无价值，死得无意义，我才把他们从"地狱"打救出来，提升他们到"炼狱"！

　　我不忍只说"死者已矣"，死了就算了。我们总该管那些亡魂孤鬼，在中国历史上找个位置，让他们在中国历史转变中找一个栖息之地。我们不能只是无益而无用地诅咒，诅咒，诅咒，诅咒毛，诅咒他是杀人魔王；因为，你在诅咒杀人者的同时，非常反讽的，你也诅咒了被杀的人。就像我的表兄刘超之死，你假使只抓表层，认定是一群无知的红卫兵的谋杀、滥杀，或误杀的结果。那么刘超之死就像在路上被车子撞死一样——一个偶发的死，在人类的价值格局中就找不到坐标！

　　然而，给刘超与像他的千万人之死赋予价值，也不是纯主观的假设，纯自慰的虚拟。我的价值之赋予是以历史为根据的。40年过去了。如今是可以从历史的远近景中，去解说过去，诠解过去，赋予历史以意义的时候了……每一个死者的个案，都可分别判定缘由与是非。然而，这项像造长城一般的工程，要一砖一石地推敲，是任何历史家或法律家都永远理不清的。看历史，只能宏观；看历史，只能抓住两头，抓住"始"，抓住"终"。我们只有从今天的中国看，从明日的中国看。对于今日明日中国的看法，你我会有许多争议。然而，也许一位原属左派现转右派已入美籍的某华裔科学教授的话，有基础性的公允，他说："当然喽，中共统治大陆至少做到了两点：把帝国主义赶出去了，把中国真正统一起来了。"我想这该是最低的评价分吧。我想再加两项。"把中国的国力提升到国际水平，把中国人的生活水平普遍提高"。我想这两项，你也不太能一言否之吧。那么，仅使有这四项成就——甚至只算前面两项——你说，这是不是100多年来中国人民梦想的初步实现？数不清的革命志士，抛头颅洒热血，为的不就是这些？

苏先生，我是这样地从历史的流变上，打救我们的死难同胞与苦难同胞，让他们的死与苦在中国历史上 mean something，你说，我这样做是残酷的吗？你说我这样做是幸灾乐祸的吗？至今我收到如20封大陆同胞的反应信，多数来自五六十岁的人，他们经过这40年，而他们都肯定我的说法，没有一个例外——唯一的例外就是你！而你呢？你假使把他们的死与苦，定位为暴政下的无谓牺牲，像希特勒杀犹太人，你是残酷地不肯赋给他们的"死"以任何意义，不肯赋给他们的"苦"以任何价值，不肯在历史的神庙替他们立一方无名英雄碑！你在你自己发泄了一番情绪之后——是大公的人道情绪还是自私的政争情绪——你给我们的这些死难者留下了什么？他们死了，你将他们再打入 Iimbo（一个无意义与无价值的死域）。

不谈玄理，且落实在现实中。什么成就不需要牺牲？小成就小牺牲，大成就大牺牲。要把中国从那种落后的境界推向现代世界，这牺牲必须惊天动地，才能有惊天动地的成就。理论上说，这一切的牺牲即属必要，因此该牺牲也就牺牲！但是，实际上，我们必须承认，有些死亡与苦难显然是不必要的，应可避免的。可是，一部开山机推过来，该推翻的被推翻了，不该推翻的也一齐给推翻了。时代的巨变是全面的，无选择的，欧立德（T. S. Eliot）的"三王朝圣"说耶稣之降临，毁掉了坏的，也毁掉了三王手持 Sherbert 的优美生活。叶慈（W. S. Yeats）的"二度来临"中的宇宙魂巨兽带来巨变，是善恶不加抉择的。我是以这种模式看中国之巨变。固然，这巨变引发多少血泪，然而巨变是历史之必须，不变则中国不会变。而且，在人的良知指引下——若非全部指引，至少是部分的指引——这巨变乃是从坏变好，从旧中国变到新中国。

你身临其境，你对中国的了解应该比我多，比我更全面。以我三四十年来对大陆的遥观，从前只知道大陆爆了原子弹，后来又听说射了东方红卫星，近五六年来，两岸信息较灵，我乃发现大陆的成就不仅止于"穷兵黩武"的那些硬东西，她的成就还是多方面的，甚至可说是全面的。我看到那些软性的成就如动画《牧笛》，我看到制作《牧笛》的几位形容枯槁的制作者（而电视上的你之白皙丰润，简直好像跟他们不同类族！），我大叫："竟是如许的丑陋涌出如许之美丽！"我几乎扑倒在那几位比屈原还要憔悴的中国艺术家之前！他们的枯槁血肉与精美成就，最足以象征现代中国之苦难与荣耀。

几个月前，我在录影带出租店无意碰到一卷《丝路花雨》的歌舞剧，居然是甘肃歌舞团演出的。从前的甘肃能有什么文化？除了玉门关，左公柳！然而这卷录影带一看之下，我不得不折服，今日之甘肃竟有这等艺术。再说，20世纪70年代说北京有沙漠化之虞，80年代北京春季沙暴从30天降至10余天，而今年好像只有一天的大风沙（吹掉了咱们陈长文先生的眼镜）。这种绿化环保的成就，你不在乎？"三北防护林"多雄伟的大工程，你不在乎？1990年起，"长江上中游防护计划"开始了，四川的一位先生来信说，数年内必见成效。这些远景，你不在乎？中国产煤已世界第一（100年来一直是美国第一），钢铁产量世界第四，棉毛麻丝产量全部世界第一，你不在乎？11亿人口基本上获得温饱，这种空前的成就，你不在乎？你不在乎这一切，你跟你那一小撮民运学运分子，似乎全不在乎，你们只在乎"民主"——而且是"美式民主"。其实，民主易求，你去40年前，抗日以前的上海租界去寻求就好了；再不然，今日香港也听说有民主，而且非常英式，你去香港享受民主好了；再不然，欢迎你再来台湾；来享受一下台湾的打架民主。好美丽的香格里拉！多可爱的香格里拉！打住情绪语，重归理性话；历史因缘的凑泊，使"民主"与"殖民"在中国变成了一条铁道的双轨。在民主霸权的环伺下，打开民主之闸门，流入的必定是西方民主；而西方民主之流入，不可避免地必然带来西方的殖民，西方的帝国势力——正如同鸦片战争为基督教打开中国之门（见 P. W. Fay 的《鸦片战争》）。所以我们必须先甩脱殖民，自产自强，而后方能有真民主——不听命于民主霸权的"民主"。于是，你该知道民主化在中国建国的程序上该占有的先后位置。

苏老弟（你既然称呼我为"老先生"——诠释为"老糊涂"？"老朽"？"老贼"？实则我只应算是快毕业的少壮派，虚度春秋五十有八），不等你骂我，真的，我早就想骂你了——自从看了你的《河殇》，我看完《河殇》，第一个感想，就是你在向赵紫阳的经济政策做宣传——是一部公关影片。赵紫阳的经济政策应该还不错。宣传推展他，应该就事论事，直话直说，犯不着来一套什么"蓝色海洋"的理论，作为说词；在别的事物上理论理论也许不打紧，在这里，你跟你那一群，不知轻重地为了一个经济政策，赔上了整个中国传统！你们把盘古龙给屠了，再把黄河给填了，又把几位代表民族气节的漂流死士给鞭了尸，然后把郑和的舰队给一艘一艘戳沉了！为的是什么？为的就是搞沿海经济特区，搞外贸！经特外贸毕竟是有时而尽的政策，而你不惜把永恒的中国去作支付！你太不平衡了，你太不知道传统之可贵，你可看见一个一个铜板的价值，就把一荷包的珍珠丢掉，去换一只猪耳朵！

30 年来的锁国政策，好好坏坏的效应是多方面的，其中之一是令像你这种高级知识分子变成了大观园中的刘姥姥。一旦目击外面的世界，无论西洋或东洋，他们就崩溃了，脱尽撕尽自以为的"满身褴褛"，一呼一跃，跳入了向往不已的"蓝色海洋"——其实那里面载浮载沉的全是资本主义消费文化抛下的塑胶罐！塑胶袋！我看完你的《河殇》，无论剧中人摆出什么学者口吻、理性姿态，我在你们的虚假理论之后看到的只是"不更世事"的知识孩童（于是，我当时在《中央日报》副刊就以"河殇之伤"痛斥了一番）！好像时轮未转，你们的头脑尚处于清末民初——甚至更早期的——襁褓中！到今日还来暗搞全盘西化，还来搞民族虚无主义，未免是还在崇拜维多利亚女王的发式吧。如今你，苏老弟，你在西方世界也待久了。你可知道人家是如何的敝帚自珍！只要是自己的，只要是自己祖宗传下来的，死的能说成活的，坏的说成好的，假的说成真的，好的说成最好的，真的那当然就是放诸万世而皆准的真理喽！

人家是那么"敝帚自珍"，你们却是怎么"珍帚自敝"啊——这话好像说不能，你但知其意就好。"敝帚自珍"的人创造了帝国，"珍帚自敝"还要留恋上海租界之民主，殖民香港之民主——伟大的名言是 Modernization through colonization！我把这个词解释给一位美国教授听，他几乎不相信自己的耳朵。

其实，这也没有什么好惊讶的，因为更令人惊讶的还在后头！我的朋友夏威夷大学哲学系教授成中英，1989 春夏之交的政治风波之前数日人在北京，也凑热闹去宣慰天安门广场扎营的学生，他跟他们演讲，谈民主，谈自由，谈到最后，他说：各位同学应该适可而止，不要把事闹得不可收拾。聆听的同学们——中国未来希望之所寄——立即反驳："我们就是要把事情闹得不可收拾，好让美国出兵！"突然间，成教授跟我说，他好像跌回百年，跌回八国联军进北京！中国的知识分子，你们的脑细胞究竟是什么"异型"构成的哟！这等卖国言论、卖国思想连正常的 3 岁孩童都不会有，而北京的大学生有，这是不是你们教唆的（此事你若要求证，拨个电话给成教授好了）。

你们似乎昧于一个事实：时至今日，东方还是东方，西方还是西方；中国还是中国，非中国还是想吃掉中国！外籍的个人，可敌可友；但是，作为国，作为族，中国与世界——特别是西方世界——则永远是死对头！从古到今——我敢说，在未来的千年，国与国，族与族的利害总是摩擦，总是矛盾，总是冲突——尤其是当美国这个傲慢的恶霸企图主霸全球的时候！天下有什么国家，真是友邦?! 为什么美国派布什去做北京办事处主任？派李洁明做大使？而他俩都是中情局的大头目。中情局是干什么的？拉小夜曲娱你之耳的？卖炸鸡娱你之口的？你们的代表人物方励之，怎么可以落到李洁明的鸡翅下躲起来！这不太 obvious 了吗？

近来台湾报纸恭贺地报导你们这些民运学运人士（而且还附照片）终于在普林斯顿大学落脚下来，通过一位华裔美籍鸿儒，接受着华尔街一位股票商 100 万美元的供养（其实，何不学穷留学生以洗碗盘刷厕所维持生计——当然，这不是你们各位民主斗士憧憬的 Life-style——你们是要吃甘乃迪龙虾，喝密特朗香槟，在纽约长舞达旦的）。把你们看成政治难民，只是政治斗争中挤出来的"粉刺"，吃谁的饭原也不必挑剔——面包实在是活着唯一条件——别听耶稣打高腔。问题是各位女士先生自命为中国之救世主。

如果果然而又万一，各位有朝一日真把中国给"救"了，你想那位华尔街的股票商能让你们忘掉旧恩？你们各位这么善良，又怎会对恩主负义?! 当你们各位以"美式民主"（要不要加几枚美国飞弹？）"救"了中国的时光，你们所痛恨的毛的尸体当然是要烧掉，留下那个空位，放谁的尸体呢？华尔街的那位恩公？林肯？肯尼迪？布什？索拉兹？莫洛西？还是"民主女神"？告诉你；当你们推出"民主女神像"之当时，台大外文系美籍客座 Professor Maglila 对我说——诚恳地，略带嫌恶地说。"他们大概想拿美国绿卡。"此事可直接求证、苏老弟，我看你们是被世人"误解"得太深了。何不做个单单纯纯的"中国人"？

（原载《一片冰心在沸腾》，海峡学术出版社 2013 年 11 月出版）

附录

颜元叔先生事略

　　国立台湾大学外国语文系名誉教授颜元叔，湖南省茶陵县尧水乡水头村人，1933年7月3日生于南京。父道鹏公湖南长沙岳云中学毕业。投笔从戎，发愿"以军人之力解决民生困难国家纠纷"入黄埔军校第一期。参与东征、北伐、抗战。官拜中将，曾任国民政府军政部秘书长，参谋总长陈诚办公室主任。母周太夫人皇英，天资聪敏，茶陵望族之后。抗战时期道鹏公奔走国事，太夫人带领家小避战祸于茶陵老家深山老林中。太夫人性格坚毅，家内家外井井有条，素为乡里敬重。1949年先生随父母举家迁台。抵台后道鹏公解甲归田，弃富贵如浮云，耕躬于大龙峒淡水河畔。先生学成归国后，三代七口蜗居于二十余坪大之台大宿舍中，道鹏公与太夫人不以为苦。先生事亲至孝。出国留学讲学外，未尝须臾离也。同居共爨，亲侍汤药。尝谓父母在其怀中离世乃自己最大的福分。

　　1952年先生自建国中学毕业后进台湾大学外文系。1958年赴美国威斯康辛州马克特大学攻读英美文学硕士，1960年至威斯康辛大学麦迪逊校区攻读博士学位。通过博士资格笔试后，曾于1962年与1965年两度在美国北密歇根大学英语系任教，教授大一英文与文学入门两课。该系主任曾对聘用中国人教美国人英文有所疑虑，得知学生对先生的赞扬后丕然改观。该系曾力邀先生留任并办理美国居留事宜,但先生以父母在台婉拒。1966年先生取得英美博士学位后返台任教于台湾大学外文系。1969年至1975年之间担任外文系系主任一职。继朱立民先生之后,先生原有望接掌文学院。后因"台大哲学系事件",先生于院务会议中公开反对政治势力进入校园,故无缘院长之位。先生后曾告子:"要进院长办公室也要抬头挺胸进去。"风骨由此可见,先生不畏权势。1976年之际,时掌大权的"行政院长"蒋经国喊出"牺牲享受,享受牺牲"之口号。先生在报纸撰文讽刺其是在享受别人的牺牲,故更不见容于当局。唯先生不结党营派,虽有话直说,幸未受人身之迫害。

先生在系主任任内勇于任事,不理会人情关说,以学生利益为唯一考量。他与当时文学院院长朱立民合力改革外文系课程与系务,四十余年后"朱颜改"之说仍可见于今日外文系网站之"系所简介"上。先生认为外语学习不是训练买办,而是透过外语增广知识。主张全校"大一英文"课程应为学生取得各方面知识做准备,而不该只是文法句型之练习。课程的加重使不少教员反弹,但先生不改初衷,认为"难"才是进步的关键。先生对英文教育贡献良多,曾创办《英文报章杂志助读月刊》,并编著各种字典、教材、课本,且屡屡在报章杂志宣扬对英文教学之看法。其英文生活化之主张已成为社会普遍之共识。

先生具强烈民族意识,振兴中华为毕生之职志。虽是以英美文学出身,但无时无刻不在反省挣脱西方意识形态之枷锁。他对比较文学的着力即在以西方之精华成就中国民族文学之伟大,甚至有"外文系是要为中文系服务"之壮语。先生于1970年台大系主任任内成立比较文学博士班。1972年与朱立民、胡耀恒先生创办《中外文学》,提供文学作品发表之园地,并促使台大外文系成为文学研究重镇。1970年与朱立民先生在淡江文理学院创办英文《淡江文学评论》向国际介绍中国文学,并于1971、1975年筹办第一、二届之"中华民国"国际比较文学会议。作为一个民族主义者，先生对中华民族在近代所遭受的苦难抱有绝大的同情心，认为唯有强盛的中国才能让每一个中国人挺直腰杆。作为一个主张中国统一并反对西方殖民的学者，先生曾在《海峡评论》等杂志发表多篇鞭辟入里又情感丰富的文章，如"向建设中国的亿万同胞致敬"、"一切从反西方开始"。相较于批评"后殖民"但却仍以西方理论为标榜，博取西方学界青睐为尚者，先生言行可谓发聩震聋。

先生为文学批评之先驱，引进"新批评"，强调文学作品有自身的生命以及统一性，需要以精读细读来掌握文本的结构与字质，反对当时流于印象式的文学评论。先生认为文学作品本身乃一自足整体，不应以作者生平或作品影响作为评论之主轴，而应以文本为优先。先生指出文学应是对生命的关怀，因此提倡"社会写实主义文学"，强调文学作品应该呈现出人生样貌，而非与现实人生脱节。先生亦提倡"民族文学"，认为所有的文学作品虽要呈现出超越各别民族的通性或通则，但是它所表达的真实性却需要立足于民族的土壤中，并于1974年以《谈民族文学》一书获颁"教育部"文艺奖。先生的文学观点引发多场论战，但他总以昂扬之姿从不畏战怯战。论战激起的火花激励文学工作者进行更深刻的反省，并提升了社会对文学的关注。1981年之后，先生逐渐淡出对中文作品之批评而致力于西洋文学之探索。继1983年出版《西洋文学：中古时期》后，开始进行莎士比亚作品之精读细读，愿以有生之年完成传世之作。1998年先生退休后不久即罹中风，但仍孜孜不倦继续完成《莎士比亚通论》四巨册，计三千三百页，二百余万字。

先生为散文大家，文时而风趣细腻，时而笔锋犀利，强烈的自省以及对弱势者多情但不滥情的关怀处处显露出人本主义者的精神。内地、香港、台湾皆曾收录先生之散文作为中学国文教材。季羡林先生亦将《懒猫百态》与《常见的陌生人》二文收入其主编之《百年美文》中。先生性格豪爽，不畏世俗流言。

除在各大报副刊刊登散文外，亦曾在《皇冠》杂志与《时报周刊》等处有固定专栏。或有人讥其不爱惜羽毛，但先生秉持文学应是追求与最广大读者接触之宗旨毫不退缩，但亦不改变个人风格以投人所好。先生后因反对《时报周刊》刊登洋烟广告，宁放弃优渥之笔资，不再为该杂志撰写专栏。先生亦曾在美加文教机构讲授托福、GRE 英文。虽在补习班授课，但先生认为该考试需要具备各种学科知识的素养，此与他对英语教学之理念相契。先生常为备课查字典、问同事、访专家，以完整掌握授课材料自我要求。虽自嘲贪图补习班之钟点费，但其治学之勤谨实非常人可及。

1964 年 2 月先生与杨龙天老先生之女燕然女士结婚。龙天公，湖南长沙人，黄埔军校六期毕业，官拜少将。母袁太夫人，长沙书香世家门第，舅父袁守谦老先生为陆军二级上将、总统府咨政，乃逍鹏公黄埔一期同学。1933、1934 年之际，颜杨两家旅次南京，皆租屋于金陵上乘庵。先生与夫人先后于该庵出生，来台后又先后毕业于台大外文系，两家世交，同为湘军将门之后，缔结良缘实天定也。夫人婚后相夫教子、侍奉公婆、淑德贤慧，温柔敦厚。先生仰赖夫人至深，散文中屡见夫妻鹣鲽情深之身影。育有子三人。长子学诚，台湾大学人类学系毕业后，获美国密歇根州立大学人类学博士学位，现任教台大人类学系。长媳康敏平，台大人类系毕业，密歇根州立大学传播学硕士，政治大学管理学博士，现任教于台湾师范大学管理学院。学诚有子女各一，长子颜尧、长女颜舜。次子学勤，淡江大学电子工程系毕业，获美国罗格斯大学电机工程硕士及新泽西理工学院电脑资讯硕士学位，现任职于通腾导航公司。次媳潘静斐，淡江应用化学系毕业，美国东密歇根大学生物化学硕士，任职于盛灿公关公司。学勤亦有子女各一，长女颜禹，长子颜殷。三子学恒，台湾海洋大学毕业，上海复旦大学遗传学硕士，美国罗格斯大学细胞发育学硕士，创立并经营上海逍鹏生物科技有限公司。三媳刘慧勤，上海同济大学建筑系毕业，美国纽约州立大学工商管理硕士。现任职于戴尔电脑公司。学恒有子颜恺。

先生退休后与长子居于新店安康山麓，近眺山岚，远离尘嚣，含饴弄孙，欣然自得。后因交通之故，随长子搬回台大附近。先生于上海郊外自建一别墅，名之"颜园"。园中花木扶疏，内有荷池半亩，池畔有一小亭，自题曰"呆坐亭"。先生竟日呆坐其中，引以为乐。三子在沪，先生往来两岸皆有照料。2012年4月间，先生在大陆自宅不慎摔倒，体重骤降。6月返台检查，方知已罹末期肝癌。由于肿瘤过大，且年事已高，故未施行放射线或化学疗法，亦得免于治疗时之痛苦。罹病后先生胃口欠佳、容易疲倦，偶尔出现呕吐症状。但在妻儿悉心照顾下状况尚称平稳，吃饭看电视一如往昔。12月24日晚，与家人晚饭后回房休息。平卧时出现呼吸困难现象，立即以救护车赶送台大医院急诊室。扫描后发现肿瘤过大压迫心脏，导致血液输送困难。25日中午三子学恒自上海赶回。傍晚转内科病房。26日下午二时十一分，溘然长逝。享寿八十岁。先生交代，身后火化，骨灰置于一木盒中，挖土七尺，不立墓碑，葬于水头故里逍鹏公与周太夫人之侧。

先生尝谓"世界上最孤立的人，是最坚强的人"。先生一生，耿介坦荡、格局恢弘、不随俗流。立德、立功、立言，堪为后世表率。

（原载《颜元叔告别式小册》）

哀　闻

台湾文学批评先驱颜元叔因病去世

前台大外文系主任，也是知名作家颜元叔，在上个月26号病逝，享寿80岁。颜元叔是台湾最早在美国拿到英美文学博士、返台任教的学者，带动了台湾文学批评的风潮。

从文学魅力讲到文学问题，他是台湾文学的批评先驱——颜元叔。出生于1933年的颜元叔，台大外文系毕业后赴美念书，是台湾最早拿到英美文学博士返台任教的学者。他当过台大外文系主任，也曾创办《中外文学》等月刊。上个月26号却因病去世，享寿80岁。曾是颜元叔学生的台大教授廖咸浩说，对老师改革外文系的课程印象深刻。

颜元叔不只写散文，写小说，还实践西方新批评理论，他研究日据时代文学，也批评当时的小说、现代诗，甚至古典诗，引起风潮与争议，而他创办的中外文学，更对台湾文学有着深刻影响。

七〇年代改革的课程，当时引进的新批评理论，已经随着时间再度改变，不过廖咸浩认为，颜元叔改革的企图心，开创的意志力，才是他留下来最重要的精神资产。而台大外文系将在27号举行追思会。

记者林晓慧、沈志明报导。

（原载2013年1月4日台湾公视新闻网）

台湾文学批评先驱、英语教育改革者颜元叔病逝

据台湾《中国时报》报道，台湾文学批评界先驱、英语教育改革者颜元叔，于2012年12月26日因肝癌逝世，享寿80岁。他所就读与执教的母校台湾大学外文系将为他筹办追思会，时间地点尚未公布。

颜元叔为台湾引进"新批评"理论的旗手，他受过严谨的西方文学训练，在台湾学院与评论界发挥影响力，除了改革大学内的英美文学教育系统，更以其锐气十足的狂飙笔锋，20世纪70年代树立地位，著有《文学批评散论》、《文学的史与评》等论述。70年代末他渐淡出评论界，写作《人间烟火》、《台北狂想曲》等十多部散文集，并投入编撰英语、英汉辞典，为台湾扎下英语教育的深根。

颜元叔1933年出生于南京，1949年来台，台湾大学外文系毕业后，获美国威斯康辛大学英美文学博士。1960年代他出任台大外文系系主任，与当时任文学院院长的朱立民，大刀阔斧改革外文系的教学系统与课程，被称为"朱颜改"；此外还筹办第一届比较文学会议，创办《英文报章杂志助读月刊》、《中外文学》月刊等。

政治大学台湾文学研究所教授陈芳明表示，颜元叔对台湾文学的最大冲击，莫过于有计划地引介"新批评"的实践到台湾。

70年代时，颜元叔除了在校内引进西方新批评理论，也把这套理论应用在对台湾当代小说、现代诗、甚至古典诗的评论，虽将新批评推上主流地位，也引来莫大争议。逢甲大学中文系教授张瑞芬曾撰文指出："颜元叔评论声势的坐阨，真正的致命伤

是对古典诗诠释的明显失误。"

  颜元叔的论调曾招致叶嘉莹、夏志清、徐复观等学者的批评,最著名的为他在1976年与知名评论家夏志清的笔战,颜元叔以"印象主义的复辟"批评夏志清论述钱锺书的文章,夏志清则反驳颜著作中的翻译错误,以及对新批评的反省等等。

  张瑞芬指出,颜元叔所代表的台北学院派观点,与当时以吴浊流创办的《台湾文艺》为主的乡土视角、紧扣作品与时代背景的评论恰好相反,而夏、颜论战后,在海外的夏志清知名度陡增,尤其他的《中国现代小说史》中译本1979年在台出版后,70年代的"颜元叔现象"便被延续至80年代的"夏志清现象"所取代。

(原载2013年1月4日中国新闻网)

台湾著名作家颜元叔魂归故里

长晚集团滚动新闻4月7日讯（记者 李春璞）今天上午，台湾著名作家、英语教育家颜元叔的骨灰在其家乡茶陵下葬。这位始终热爱祖国、曾被誉为"台湾十大散文家"之一的湖湘游子，终于叶落归根。

为躲避日军藏在深山

颜元叔，祖籍湖南茶陵，1933年出生于南京。1956年毕业于台湾大学外文系，1958年赴美国留学。曾在威斯康辛大学研究英美文学，获英美文学博士学位。回台湾后在母校执教，任外文系教授、系主任。他一生著述颇多，出版有论文集《文学的玄想》、《谈民族文学》、《颜元叔自选集》，散文集《人间烟火》、《玉生烟》、《鸟呼风》，译著《西洋文学批评史》等，曾与琦君、王鼎钧、张晓风、思果等并称为"台湾十大散文家"。

抗日战争期间，颜元叔和家人返回家乡茶陵尧水乡水头村。为躲避日军，他和家人一道长时间藏匿于茶陵深山中。这段特殊的经历给他的人生烙下深刻印记，他强烈地感受到"有国才有家"，爱国成为他这一生魂牵梦绕的主题。故乡二字，也更深地刻印在了他的心中。1948年最后一次离开家乡后，茶陵的一草一木无不牵挂着他的心。1985年，他曾出版过一本散文集《五十回首：水头村的童年》。两岸关系解冻后，1989年起，颜元叔多次返回茶陵老家探亲。2003年，他将去世多年的父母骨灰带回老家，安葬在故乡。他心系故土，屡次慷慨解囊参与资助故乡的各项基础建设，修路、建桥、资助贫困学生。他每隔几年都会回来住一段时间，其赤子情怀让人深深感动。

旗帜鲜明主张国家统一

颜元叔根据对世界和中国研究所得，称颂中国共产党领导中国人民取得了赶走帝国主义、统一中国、提升国力、提高人民生活等四大"惊天动地的成就"，造成了华夏巨变——"从旧中国变到新中国"。颜元叔对祖国统一有着强烈的情怀并多次撰文呼吁祖国统一。他曾自抒胸臆："看我的背景，应该是个亲美、亲西分子。可是恰恰相反，越了解美国，越了解西方，我就越反对它们，越发热爱中国。"与颜元叔有过多次交往的株洲市委副书记阳卫国回忆说，他曾问过颜先生一个问题："您接受的是全面的西式教育。很多人可能不理解，您为什么会这样旗帜鲜明主张国家的统一，强烈反对外国势力干涉中国？"颜元叔情绪激动地说："我十来岁的时候，日本人一路烧杀到了茶陵。为了逃命，我的母亲把我带到深山之中躲藏了好几个月。我亲身体会到了当亡国奴的屈辱，亲眼看见了国家的积贫积弱给人民带来的灾难。今天这个世界上，再也没有人敢像当年日本人那样欺负中国了，中国人真正站起来了。谁能让中国强大，谁能让中国统一，我就坚决拥护谁！"有学者这样称赞颜元叔："说到国家大事、民族前途，则颜元叔真有精卫之坚韧、刑天之勇猛。"

颜元叔的妻子杨燕然回忆，上个世纪80年代，颜元叔一位很好的朋友来家里看他。其间，对方说了些大陆很落后之类的话，颜元叔当场就毫不客气地把这位朋友赶出了家门，"我茶还没泡好，客人就不见了"。

2012年12月26日，八十高龄的颜元叔不幸因病去世。4月5日，遵照其生前葬在家乡的遗愿，颜元叔的妻子和儿女及亲属20余人陪伴其骨灰从台湾返回茶陵。昨天，在其故乡茶陵尧水乡水头村，颜氏宗亲举行了一场简朴又隆重的追思会，数百颜家亲属、当地村民和茶陵有关人士，一起深情追忆这位茶陵游子的家国情怀。茶陵县台办一位负责人告诉记者:"颜先生一生爱国爱家乡,他是我们茶陵的骄傲!"

今天,颜元叔的骨灰安葬在其父母的坟冢旁。历经数十年漂泊,这位远方游子终于回归故乡与亲人的怀抱。

(原载 2013 年 4 月 7 日星辰在线)

台湾作家颜元叔魂归故里

【提要】 昨日，台湾著名作家、英语教育家颜元叔的骨灰在其家乡株洲茶陵下葬。颜元叔祖籍湖南茶陵，1933年出生于南京，1956年毕业于台湾大学外文系，1958年赴美国留学。

本报讯（记者　李春璞）昨日，台湾著名作家、英语教育家颜元叔的骨灰在其家乡株洲茶陵下葬。这位被誉为"台湾十大散文家"之一的湖湘游子，终于叶落归根。

颜元叔祖籍湖南茶陵，1933年出生于南京，1956年毕业于台湾大学外文系，1958年赴美国留学。曾在威斯康辛大学研究英美文学，获英美文学博士学位。回台湾后在母校执教，任外文系教授、系主任。他一生著述颇多，出版有论文集《文学的玄想》、《谈民族文学》、《颜元叔自选集》，散文集《人间烟火》、《玉生烟》、《鸟呼风》，译著《西洋文学批评史》等，曾与琦君、王鼎钧、张晓风、思果等并称为"台湾十大散文家"。

抗日战争期间，颜元叔和家人返回家乡茶陵尧水乡水头村。为躲避日军，他和家人一道长时间藏匿于茶陵深山中。这段特殊的经历给他的人生烙下深刻印记。1948年最后一次离开家乡后，茶陵的一草一木无不牵挂着他的心。1985年，他曾出版过一本散文集《五十回首：水头村的童年》。1989年起，颜元叔多次返回茶陵老家探亲。2003年，他将去世多年的父母骨灰带回老家，安葬在故乡。颜元叔还屡次慷慨解囊参与故乡的各项基础建设。

（原载2013年4月8日《长沙晚报》）

台湾著名学者颜元叔追悼会茶陵举行

红网茶陵站4月7日讯（分站记者 刘媛 邓施环）清明三月泪雨潇潇，水头前山肃立默哀；元叔先生魂归故里，族人缅怀祖德流芳。4月6日，台湾著名学者颜元叔追悼会在故乡茶陵水头村举行。追悼会现场两边摆放着亲朋好友敬献的花圈。株洲市委统战部副部长、台办主任蔡平，茶陵县政协主席姜衡湘等领导到场寄哀思，大家怀着万分悲切的心情，沉痛追思缅怀颜元叔先生的不幸逝世，很多自发前来悼念的群众排起了长队来送颜元叔最后一程。

颜元叔的夫人杨燕然告诉记者，"他的童年是在茶陵度过的，15岁离开茶陵去到台湾，直到1989年才回到阔别30年的故乡。之后，他每隔几年就会回到茶陵的老家探亲，尤其是父母的骨灰于2003年回乡安葬后，他每年清明都回茶陵扫墓。他对故乡水头村怀有深厚的感情，最后的时刻，他心里想的都是家乡"。

颜元叔，台湾著名散文家及英语教育家，湖南茶陵县人，1933年生于南京，1956年毕业于台湾大学外文系，1958年赴美国留学，曾在威斯康辛大学研究英美文学，获英美文学博士学位。他著述颇多，出版有论文集《文学的玄想》、《谈民族文学》、《颜元叔自选集》，散文集《人间烟火》、《玉生烟》、《鸟呼风》，译著《西洋文学批评史》等，与琦君、王鼎钧等人并列为台湾"十大散文家"。

2012年12月26日，颜元叔因肝癌逝世，享年80岁。遵照颜老遗愿，家人将他的骨灰带回茶陵，长眠于家乡的青山上。

（原载2013年4月7日红网）

今日，台湾著名作家颜元叔骨灰安葬茶陵
——他的世界，惟剩文学与故乡

4月5日13时20分，中国台湾著名作家、文艺理论家、英语教育家颜元叔的家人带着他的骨灰盒缓缓走出长沙黄花机场。去年底，颜元叔因肝癌在台北去世。"最后的时刻，他心里想的都是家乡。"颜元叔的夫人杨燕然说，为了实现他的遗愿，他们特意选在清明节间返乡。

今日下午2时，伴随着颜氏宗祠专门为他举行的仪式，颜公的骨灰盒，将安葬在早几年他从台湾迁回的父母坟冢边。

"就想看到祖国强大"

颜元叔祖籍茶陵，1933年在南京出生，抗日战争时期回到家乡茶陵。为了躲避日军，他和家人曾长时间藏匿于茶陵深山中。"这段特殊的经历，或许是元叔牵挂祖国的原因之一。"杨燕然介绍，在台湾的日子里，颜元叔每天早上都会读《旺报》，"因为这张报纸，比较多的登载来自中国内地的新闻"，"他就想看到祖国强大。"

故土情怀，也被颜元叔带到了人际交往上。杨燕然介绍，上个世纪80年代，颜元叔的一位朋友来家里看他。其间，这位朋友说了一些大陆"很落后"之类的话。颜元叔一听，不顾对方既是他的高中同学，又是他在美国学习时的同学，"茶都还没泡好，就把人家赶走了"。

意外退隐，令余光中疑惑20余年

20多年前，颜元叔往《时报周刊》寄了一封信，回家后，

却对杨燕然说:"下个月就没有钱了。"杨燕然一愣,稍后才知道,颜元叔因为这家刊物刊登"洋烟"广告,就给对方写信希望停刊广告。对方当然没有答应,而颜元叔也不再为这家杂志社写专栏。

颜元叔意外退隐,连他的好友余光中,都蒙在鼓里。20多年后,这位老友在悼词《显极忽隐,令人惆怅》里,仍然为此事感到大惑不解。此后,颜公专心于文学学术研究,写了《莎士比亚通论》系列学术专著。而关于家乡茶陵的文集,则成了颜元叔归隐前的最后一部文学作品。

1948年,颜元叔离开大陆,2012年逝世。漂泊一生,他的世界,惟剩文学与故乡。

【相关链接】 颜元叔,湖南茶陵县人。1933年生于南京,1956年毕业于台湾大学外文系,1958年赴美国留学,曾在威斯康辛大学研究英美文学,获英美文学博士学位。他著述颇丰,出版有论文集《文学的玄想》、《谈民族文学》、《颜元叔自选集》,散文集《人间烟火》、《玉生烟》、《鸟呼风》,译著《西洋文学批评史》等。他与琦君、王鼎钧等人并称为台湾"十大散文家"。2012年12月26日,因肝癌逝世,享年80岁。

(原载2013年4月5日《株洲日报》,作者杨兴东)

落叶归根

逝后三个月,台湾散文家、教育家颜元叔骨灰,今日在家乡茶陵安葬

记者:胡　乐　实习生:钟若君

遵照颜老遗愿,家人昨日将他的骨灰带回茶陵,今日下葬
　　　　回　家
　　　尧水之头
　　　孔明灯
　　　春芽
　　　霪霪春雨好"流"鱼
　　　……

1985年,身在台湾的颜元叔,用自己的文字表达对故乡茶陵的印象。

28年后的今天,春雨仍在下,颜元叔终于圆了自己的回家梦,不过,这次不是小住,而是长眠于是家乡的青山上。

昨日下午1时许,颜元叔的长子颜学诚背着他的骨灰降落在了黄花机场。一行人中还有颜老夫人杨燕然及其十多位家人。

去年,颜元叔因肝癌在台北去世。昨日,遵照他的生前遗愿,家人带着他的骨灰回到株洲茶陵。骨灰将在今日下午2时入土为安,从此,颜元叔将和早几年从台湾迁回的父母的坟冢永远相伴。

拿出并不多的稿费，为家乡修路建桥、捐教助学

乡 情

从 1989 年开始，颜元叔每隔几年就会回到茶陵的老家探亲，尤其是父母的骨灰于 2003 年回乡安葬后，他每年清明都回茶陵扫墓。

"他的童年是在茶陵度过的，15 岁离开茶陵去到台湾，直到 1989 年，才回到阔别 30 年的故乡。"今年 79 岁的杨燕然老人告诉记者，颜老对故乡水头村怀有深厚的感情，曾在 1985 年出版过一部散文集《五十回首：水头村的童年》。而当年颜老得知能回乡后，非常高兴，从台湾转香港，再广州，再北上，几度辗转，他终于踏上了故土。池塘还在，旧居还在。只是，当年一同离家赴台的双亲，再也回不来了。

"父母亲先后于 1981 年、1982 年去世，他们在世的时候，天天想念故乡，他们都活到了 86 岁，但始终没能再回到故乡。"杨燕然老人说，母亲临终时只有一个心愿：生不能踏上故土，死后也一定要回来。终于，在 2003 年，颜老将父母亲的骨灰带回茶陵，安葬在祖屋的后山。

杨燕然老人说，他们在茶陵已没有直系亲属，只有宗亲，但即便如此，颜老每次回来都会小住一两个礼拜，并且拿出并不多的稿费，为家乡修路、建桥，资助贫困学生。

"颜老总共给家乡捐了多少钱？"对于记者的提问，杨燕然老人笑说："我可不知道，他只交一些家用钱给我，其他的钱都是自己管的。"

颜老写的稿子，夫人都会校对、重新抄写

美 满

杨燕然老人与颜老结婚已 49 年，时至今日，杨燕然依然记得老伴，那些年曾如何追她。

"有一次，元叔身上只带了70元台币，但他又是请我看电影，又是请我吃饭。"杨燕然老人笑着说，"后来付账的时候发现钱不够，还是我把饭钱付了，付了回家的车费。"杨燕然老人祖籍湖南长沙，与颜元叔一样，均出生于南京金陵上乘庵，更加巧合的是，两人的父亲均是黄埔军校毕业。尽管两家是世交，"但是那个时候，我们并不熟悉"。

后来，两家迁往台湾，颜元叔与杨燕然先后进入台湾大学外文系学习。学长颜元叔此时才与这位邻居、世交以及学妹产生好感，结为伴侣。

婚后，两人的生活很幸福，养育3个儿子。"管教儿子，是我婆婆的事。"颜元叔的儿媳妇康敏平说，颜老很少考虑生活上的琐事，主要精力都放在了创作上。"他的字偏草书，编辑不一定认得。"杨燕然老人说，为了避免编辑看不懂或看错，颜老写的稿子，都会交给她来校对，重新抄写，"稿子往往要修改好几遍，所以我也要抄上好几遍"。

当年因不满杂志刊登烟草广告，决意退隐

退　隐

"他（指颜元叔）性格内向，朋友不多，余光中算是其中一个。"杨燕然老人说。

颜元叔去世后，他的学长，台湾著名诗人、散文家余光中先生专门为其撰写了一篇悼文。悼文中，余光中提到颜老已"离开"江湖20多年一事：颜元叔作为上世纪70年代台湾学府和文坛的主流人物，却在鼎盛时期连学府和文坛一并抛弃，这让包括余光中在内的整个台湾文学界都始料不及，而其中的缘由也无人知晓。

昨日，通过颜老家人的叙述，颜老"离开"的原因终于浮出水面。

"他撰文批评台湾的领导人,是隐退的原因之一。"杨燕然老人说,颜老是一个非常有原则的人。"有一次他在自己所任职主笔的杂志上看到了烟草广告,他立马写了一封信给杂志的老总,意思是,吸烟有害健康,刊登烟草广告,如何对得起销烟的林则徐,要求杂志立即停止刊登烟草广告,如果再刊登,他将辞去主笔职务。"

"寄出这封信后,他才告诉我,下个月家用钱可能没有了。"杨燕然老人回忆说,到了第二个月,杂志还是刊登了烟草广告,颜老便放弃了优厚的稿酬,向该杂志辞职,收笔,不再在报纸或杂志上发表文章。

退隐后的颜老,专心研究起了莎士比亚,并出版了《莎士比亚通论》四册,两百余万字。其他时间,则往返于两岸,在上海郊外和茶陵卜宅安居,或安心养病。

他为中国的成就落泪,希望亲眼看到中国强大

家　国

"在世时,每天早上要买三份报纸,这几份报纸登载来自中国内地的新闻比较多,他都会一一阅读。"杨燕然老人回忆说,连看电视节目,颜老都会选择看介绍大陆的节目。

"父亲生前说,希望能活到90岁,亲眼见证中国的强大,并且超越美国。"颜学诚的夫人康敏平说。

"我是不会为'悽悽惨惨'流泪的,甚至父母八十六高龄寿终正寝,我亦流泪不多——唯独为中国,为中国的命运,为中国的近代史,为中国当前的挣扎、奋斗与成就,我有流不完的悲痛泪,流不完的兴奋泪!信不信,我为亚运183块金牌,也情不自已地流泪——无他,别无他因,只因为我们中国太需要成就,太需要出人头地的成就!"这是颜老在《向建设中国的亿万同胞致敬》中的文字。

而最让杨燕然老人印象深刻的是，80年代，颜老的一位高中、大学同学到他家来做客，其间，这位同学说了一些大陆很落后，并且母亲河"黄河"被污染的话。"他问他的同学有没有去过大陆，他的同学只去过昆明，他就质问同学只去过昆明怎么断定大陆的不好，随即将同学赶出了家门。"杨燕然老人说，当时她还在厨房泡茶，结果泡完茶，客人就不见了。

声 音

元叔对我的散文评价只有负面，但他快人直语，并无恶意，我也不会斤斤计较，所以两人的友谊始终愉快。颜老有担有当，敢言敢怒，非常"湖南"，是一位启蒙者、改革者、推行者、论战者。

——台湾著名诗人、散文家　余光中

颜先生身上，有太多令我景仰的品质，比如渊博的知识，深厚的学养，坦荡的性格，坚强的信念，等等。而最让我感动的，是他对国家、对民族的一腔热血和赤诚。他的这种情怀和立场，在台湾的政治大气候下，往往不被理解，甚至还要遭到攻讦和敌视。

——中共株洲市委副书记　阳卫国

颜老不仅是学术大家，更是一位伟大的爱国者，他生于国民党将军家庭，成长于台湾，求学于英美名校，但他对家乡、对祖国的热爱之情堪称当今楷模、典范。魂归故里是颜老的遗愿，这一遗愿小是对家乡的眷恋，大是对国家民族的认同。于生于死，颜老都是一个有血性的智者，一个大写的"中国人"，他去了，但他的品德长存，精神长存！

——茶陵县政协主席　姜衡湘

人物简介

颜元叔，台湾著名散文家及英语教育家，湖南茶陵县人，1933 年生于南京，1956 年毕业于台湾大学外文系，1958 年赴美国留学，曾在威斯康辛大学研究英美文学，获英美文学博士学位。他著述颇多，出版有论文集《文学的玄想》、《谈民族文学》、《颜元叔自选集》，散文集《人间烟火》、《玉生烟》、《鸟呼风》，译著《西洋文学批评史》等，与琦君、王鼎钧等人并列为台湾"十大散文家"。2012 年 12 月 26 日，因肝癌逝世，享年 80 岁。

颜老一生，堪称传奇——因战乱从南京到故乡茶陵避难，后随父母亲从茶陵到台湾，又从台湾到美国求学，然后从美国回到台湾教书育人，最后骨灰又返乡安葬。在家人的眼中，颜老始终耿介坦荡，唯有文学与艺术相伴。

（原载 2013 年 4 月 6 日《株洲晚报》）

后　记

在颜元叔先生仙逝一年有余,《追念颜元叔》一书终于付梓出版。

颜元叔先生是一位在海峡两岸都有重要影响力的爱国学者,故纪念集在编辑思路上力求视野阔达,除汇编颜老先生逝世后两岸人士的悼念和回忆性文章外,还收集了颜老先生部分个人文稿,以及一些人士对其爱国立场和学术成就的评说文章。全书分三个部分,共三十五篇文章,举凡先生之生平、思想、文学、事功,均有探赜钩沉,意在为更好地了解、缅怀颜老先生增添多个视角。另有附录部分摘录了《颜先生事略》及部分哀闻文章。

本书是根据中共株洲市委副书记阳卫国同志的提议编写的,他不但拍板将此书纳入"茶陵历史与文化丛书",且亲自拟定书名,更在百忙之中抽出时间多次审阅文稿,就全书的体例以及取舍等,提出了许多宝贵意见。株洲市委常委、组织部部长、统战部部长彭爱华同志对选编工作也给予了大力支持。

编辑纪念集,最难的是资料收集。因海峡两岸文化交流尚处破冰阶段,颜元叔先生的台版资料查询殊为不易。台湾文学研究学者、中南财经大学教授古远清教授大有古风,除亲撰序文外,还借助研究之便,为本书提供了大量珍贵的资料。

湖南省作家协会荣誉主席聂鑫森先生得知编辑此书,亦称大好事一桩，亲为查询资料；株洲新闻网舒凡女士、茶陵退休干部尹烈承先生，也为本书编辑提供了方便。

本书编辑，还得到了颜元叔先生家属的积极响应。其夫人杨燕然女士不顾年迈，亲自抄正先生自述；三子颜学恒先生为提供资料，四处联系父亲故友，与编者往来电邮电话，不厌其烦。

在此，对上述人士提供的诸多帮助和支持，表示最诚挚的谢意！

需要说明的是，因时间仓促，未能与文集中被收入文稿的全部作者取得联系，特别是一些台湾作者的稿件。某些用词也按大陆出版要求，做了些技术性的处理，也有个别文稿，做了删节。在此，深表歉意。其未尽事宜，作者可与茶陵历史与文化研究会办公室联系，联系电话：0731-25237182。

是为后记。

易 军

2014年6月